# 敏捷商业

## 在不确定中持续感知
## 与响应用户需求

SENSE AND RESPOND
How Successful Organizations Listen to Customers and Create New Products Continuously

[美] 杰夫·戈塞尔夫（Jeff Gothelf）乔什·塞登（Josh Seiden） 著

黄丽莉 译

中信出版集团 | 北京

图书在版编目（CIP）数据

敏捷商业：在不确定中持续感知与响应用户需求 /（美）杰夫·戈塞尔夫，（美）乔什·塞登著；黄丽莉译. -- 北京：中信出版社，2023.1
书名原文：Sense and Respond: How Successful Organizations Listen to Customers and Create New Products Continuously
ISBN 978-7-5217-4963-2

Ⅰ.①敏… Ⅱ.①杰…②乔…③黄… Ⅲ.①企业管理 Ⅳ.①F272

中国版本图书馆 CIP 数据核字（2022）第 218432 号

Sense and Respond: How Successful Organizations Listen to Customers and Create New Products Continuously
Copyright © 2017 Jeff Gothelf and Josh Seiden
Published by arrangement with Harvard Business Review Press
Simplified Chinese translation copyright © 2023 by CITIC Press Corporation
ALL RIGHTS RESERVED

敏捷商业——在不确定中持续感知与响应用户需求
著者：　　［美］杰夫·戈塞尔夫　［美］乔什·塞登
译者：　　黄丽莉
出版发行：中信出版集团股份有限公司
（北京市朝阳区惠新东街甲 4 号富盛大厦 2 座　邮编　100029）
承印者：　北京诚信伟业印刷有限公司

开本：880mm×1230mm　1/32　　印张：9.75　　字数：184 千字
版次：2023 年 1 月第 1 版　　　　印次：2023 年 1 月第 1 次印刷
京权图字：01-2020-1145　　　　　书号：ISBN 978-7-5217-4963-2
　　　　　　　　　　　　　　　　 定价：59.00 元

版权所有·侵权必究
如有印刷、装订问题，本公司负责调换。
服务热线：400-600-8099
投稿邮箱：author@citicpub.com

# 目　录

前　言　与市场进行双向沟通 // VII

## 第一部分　感知与响应模式

**第一章　不确定性** // 003

　　不确定性是一种新常态 // 008

　　在不确定性中发现价值 // 013

　　适应复杂的环境 // 021

　　新角色、新方法与新活动 // 029

**第二章　持续学习** // 035

　　不断学习比交付产品更重要 // 036

　　定义愿景与成功 // 044

一个警示故事：没有感知的产品制造 // 047

制订完美的计划与制订学习型计划 // 050

感知市场并使用大数据 // 056

感知与响应模式也是一种文化 // 059

管理者的作用 // 060

汇总所有信息 // 062

**第三章　变革的阻力** // 067

打破史蒂夫·乔布斯的神话 // 068

报酬和奖励机制 // 071

遵守法规和法律要求 // 073

严苛的安全要求 // 074

大型企业的困难 // 076

来自政府的阻碍 // 078

采购规则 // 079

缺乏合适的人选 // 082

品牌保护 // 084

流行一时的管理理论？ // 085

## 第四章　你的企业离不开软件 // 089

用户行为如何改变各个行业 // 090

消费者期望和消费模式的变化 // 092

前所未见的竞争威胁 // 103

适应新的竞争环境 // 109

帮助你的员工 // 119

独角鲸项目和逆戟鲸项目 // 121

为什么软件正在吞噬整个世界 // 127

# 第二部分　企业的感知与响应指南

## 第五章　新型工作方式与管理工具 // 131

完成与成功 // 133

集中规划与权力下放 // 143

项目和组合层面上的管理 // 145

使用以结果为导向的蓝图 // 147

规划产品组合 // 162

## 第六章　组织协作 // 171

英雄神话 // 171

新型开发方式 // 174

通过协作来试验与学习 // 176

感知与响应模式下的团队 // 180

跨职能团队的力量 // 189

轨道模型 // 192

让团队合作成为可能 // 196

**第七章　持续的各个环节** // 209

流程的基础架构 // 211

管理各个环节 // 214

**第八章　营造持续学习的文化** // 233

工作方式与文化 // 235

保持谦逊 // 238

允许失败并建立安全环境 // 241

自我管理和协同 // 244

透明度 // 246

行动至上 // 248

同理心以及客户价值 // 249

合作、多元化以及信任 // 254

文化变革 // 258

把文化放在第一位 // 260

**结　语** // 263

**致　谢** // 269

**注　释** // 273

# 前　言
## 与市场进行双向沟通

　　1975年，一位名叫史蒂芬·沙森的学者在伊士曼柯达公司的实验室工作时，发明了第一台数码相机。虽然那只是一台笨重的机器，但当时的沙森已经有了清晰的愿景。他看到了数码相机的潜力：他告诉公司的管理层，在未来的15~20年里，数码相机技术会成为胶片技术的强劲对手。管理层对此表示怀疑，当然，他们的怀疑不无道理：数码相机这个新发明必须配有一个磁带驱动器才能运作，而且人们要花费近30秒的时间，才能得到一小张清晰度很低的黑白图片。尽管如此，沙森和柯达公司仍然坚持研究数码相机。事实上，在1989年，他们创造了一台具有商业可行性的数码相机，但柯达的管理层并不支持这项研究。在这之后的几年里，数码摄影蓬勃发展，但是柯达一直没有（也无法）对此做出回应。到了2004年，数码相机的销售额已经超越了胶片相机。2012年,柯达宣布破产。[1]

我们很容易认为这个结果是创新失败导致的,当然,在某种程度上确实是这样。《创新者的窘境》中的道理在这个故事中显而易见:商业领袖们往往会忽视颠覆性科技带来的威胁,当他们意识到威胁时,为时已晚。

但只把这个故事当作一个关于创新的故事,也是错误的。事实远远不只是这样。现在,我们都意识到,各式各样的数字技术正在冲击传统企业。作为商业领袖的我们不得不考虑如何应对这个问题。换句话说,我们已经感受到了数字技术的威胁。我们现在面临的新问题是,我们该如何应对?

作为一家连锁书店,博得书店(Borders)明显感受到了数字技术的威胁。2006年,亚马逊的销售额已经超过了博得书店。[2] 这家传统的零售商只得努力寻找应对的方式。当时的博得书店正面临着很多问题。20世纪90年代,博得书店在美国大设店铺,为消费者提供了无人可比的图书和音乐选择,但这种"大型商店策略"已经不足以让博得书店保持领先地位:网络零售商不需要开设大型商店,就可以提供世界上几乎所有的图书。如果进店选购曾经是博得书店的竞争优势,那么如今的博得书店早已没有优势可言,它唯有另寻他策。也许博得书店可以通过开设大型网上书城来解决自己的问题?然而现在回想起来，当时博得书店应对网络零售商的措施早已注定了其失败的结局。从2001年至2008年，博得书店把其在线经营业务外包给了亚马逊。

2007年11月，亚马逊发布了第一代Kindle电子书阅读器，博得书店面临的压力不断增加。Kindle自发布以来一直备受欢迎，在网络书城与实体书店的竞争中开辟了一条新战线。现如今，这已经不再是简单的实体零售与电子商务之间的竞争，消费者能直接在自己的手持设备上下载电子书。两年之后，苹果公司推出了平板电脑iPad和它自己的网上书店。2010年，巴诺书店（Barnes & Noble）发布了它自己开发的产品——Nook电子阅读器。在这一年的晚些时候，博得书店宣布与一家刚进入电子阅读器领域的加拿大创业公司Kobo合作。但这一决定为时过晚，其收效甚微。2011年，博得书店宣布永久关闭所有门店。

博得书店似乎并不否认自己必须对数字技术的威胁做出回应。与柯达不一样的是，博得书店的确对此做出了回应。但是，它未能接受并整合数字功能和与之相关的操作方法。换句话说，博得书店做出了错误的回应。

只有最顽固的商业领袖才会忽视数字技术带来的威胁。的确，数字技术会一直发展，这早已是众所周知的事情了。无论是福是祸，数字技术重塑了我们的世界，也改变了我们的商业世界。这些技术在导致许多强大的现有企业破产倒闭的同时，也创造了新一代强大的企业。

然而，经济也发生了变化。这种变化不仅是指科技的出现，确切地说，真正变化的是人们因为技术的发展而产生的新行为。由于科技的发展，现在的人们可以使用许多种非同凡响的新技术与他人交流——不管是直接交流还是间接交流——也可以与各种为他们服务的企业交流。人们可以与世界各地的朋友、团体和陌生人分享个人信息，也可以在网上发布评论，分享他们对某商家的产品的看法。此外，旨在满足人们需求的商家也可以利用多样的交流渠道。他们可以立刻了解消费者在网上对其产品的评价。哪些产品卖得好？人们对这些产品做出了什么样的评价？产品的哪些功能效果显著？哪些产品失败了？

明智的公司懂得利用这种新型交流手段，它们不断将新产品投放到市场中，不断测试，然后迅速根据获得的信息进行调整。2005年前后，西班牙零售商Zara因其快时尚模式而闻名，正是数字技术的出现使这种模式成为可能。Zara每年要生产多达10 000种设计产品，而很多产品只能短期存活。Zara对每种款式都只进行少量生产，然后观察产品在市场中的表现，并快速将信息发回设计中心，最后根据调查获得的信息改进产品。

消费者可能都没有意识到，他们正在不断地为 Zara 提供反馈意见。他们用自己的购买决策为 Zara 的不同产品投票，而 Zara 把客户提供的这些信息当作自己的命脉。[3]

在比服装零售业更具有数字化特征的领域，谷歌已经成为占据领先地位的搜索引擎，该公司获得成功的一部分原因是它不断进行各种小试验并利用这些试验优化自身的服务。一些专家估计，谷歌每年会开展超过 30 000 次试验来改进其搜索引擎。如果你使用过谷歌（又有谁没用过谷歌呢），那么你大概率已经多次参与了谷歌的试验。[4]

我们可以看到，Zara 和谷歌的故事说的是同一回事：企业与市场进行双向沟通。以前，这些企业每年才进行一次调整，如今，企业可以尝试新事物，从与客户的互动中了解信息，然后迅速调整商业计划。作为回应，消费者看到企业推出新的产品和服务，也会用自己的购买决策为不同的产品和服务投票，还会通过评论、推特（Twitter）上的文章、脸书（Facebook）上的帖子和优兔（YouTube）上的视频来表达自己的感受。这一切发生得非常快。这种快速的、内容丰富的双向沟通给企业、政府和其他组织带来了根本性的压力：它们必须改变回应市场的方式，否则只会走上柯达、博得书店和一系列因数字技术而倒闭的企业的老路。

我们会在此书中谈到数字技术，但数字技术（或软件）仅仅是企业与市场进行双向沟通这种新型运作方式的促成者。此书真正的主题在于解读管理层应采用何种方式改变自己，来应对这种双向沟通。

我们当中很多人面临的问题是，绝大多数的管理方法都是在这种双向沟通尚不存在时开创的。与如今的时代不同，当时我们的管理工具针对的是一种完全不同的企业发展速度——20世纪制造经济的发展速度。在制造业时代，企业发展的速度更缓慢，也更易于预测。制造业时代盛行的管理方式建立在提前规划、全面考虑和严格保密的基础上。制造业时代的规模经济使人们很难中途改变计划，但在那个年代，人们也不需要改变计划。每年调整一次计划已经足够。

这种方式现在早已不再适用。想象一下，某个网站每年只更新一次——这就是一个荒谬的设想。当你的用户每天都可以从手持设备中获取最新版本的产品时，你为什么要等一年才对用户的反馈做出回应？用户又为什么会愿意等这么长时间？然而，这种情况发生在你所有的客户、合作伙伴和员工身上——实际上是发生在经济体中的每一个参与者身上。这种情况体现在企业的业务、供应链、分销的软件和政策中。这就是我们目前面临的境况。我们与合作伙伴的关系将会被数字技术促成的企业市场双向沟通所支配。面对数字社会新的发展速度和新的期望，适用于制造业经济并在 20 世纪占据了主导地位的管理体系已不足以支撑当前的经济发展。这种体系经历了惨痛的失败，企业急需转型升级。

## 需要转变的管理模式

在数字技术时代，我们往往无法从总体上对已有的管理业务的方式进行根本性的重新评定。企业目前的标准应对方式是创建一个独立的业务部门，或将涉及 IT（信息技术）的业务外包。

这种管理方式可以被看作 20 世纪大获成功的创新者留给我们的遗产。现在，我们还在用他们的方式看待科技并构建我们的企业：亨利·福特的流水线、泰勒的科学管理原理，以及企业的工程模型。这种追求效率的功能分化在某些情况下是合理的，但不幸的是，这种方式在现在的数字化社会中已经行不通了。现在的软件系统非常复杂，预测市场需求会面临很多挑战，再加上市场本身在迅速变化，这一切都对之前的管理方式非常不利。

当博得书店将网上书城外包给亚马逊时，它不仅仅是将其对网络销售渠道的控制权拱手让给了对手。事实上，博得书店失去了一个极为重要的机遇,导致自己无法与新兴客户群体双向沟通,无法参与客户的网络行为,无法获知客户的需求,更无法学会如何为客户提供网上服务。2001年,博得书店并不知道如何经营一家电子商务企业,但这不是问题的关键,因为当时几乎没人知道该怎么做。确实,你可以认为当时的亚马逊也几乎不知道如何经营电子商务企业。但是,从2001年至2008年,博得书店为亚马逊提供了资金和客户,给了亚马逊学会成功运营电子商务网站的机会——这一切都是因为博得书店允许亚马逊与自己的客户进行沟通。然而,这件事本不该由亚马逊代劳,博得书店应该直接与其客户进行沟通。

技术产业的发展衍生出的新剧本使我们能够把这种双向沟通模式融入企业的经营活动。让我们来看看这个剧本,思考一下它为何与我们息息相关。

## 敏捷:信息时代的剧本

第一批寻求时代新剧本的人是20世纪八九十年代的软件工程师。少数遭遇了挫折但很有思想的实践者仔细研究了软件的开发过程,他们想知道,为什么人们在当时似乎很难创建高效的软件系统。(回头看看当时的场景,我们可以很轻易地看出人们为什么会遇到那么多挫折。当时一个很著名的研究是 Standish 集团在 1994 年发布的 CHAOS 报告,该报告发现,84% 的 IT 项目要么未能交付任何成果,要么由于超支或超出工期而被叫停。)这些实践者最后得出的结论是,我们之前所采用的制作软件的方法都是以错误的模式为基础的。

当时最有影响力的软件开发模式是基于 20 世纪历史悠久的流程模式建立的。但是,20 世纪的模式主要适用于建造实物,比如汽车和建筑物。这些实物都有具体易懂的建造或制作要求。这些实物可承受的压力、装载量或其他参数都可以通过已被证实的方程式计算得出。人们在制造实物之前就可以了解它们的各种细节,然后将计划交给制造者。在装配过程开始之后,计划也不会发生改变。

这一群受挫的实践者发现了软件与实物的关键差异:从项目启动开始,人们对软件的要求一直在变化。软件程序员多年来一直在与这些不断变化的要求做斗争。然而,这一群实践者提出了一个不同的方法。他们提出一个问题:如果我们张开怀抱拥抱这些变化,那么事情会变成什么样?假设无论出于何种原因,这些不断变化的要求是软件开发过程中不可避免的一个部分,假设我们优化了更改软件的流程,那么一切又会变成什么样?

如果你走进数字技术的世界，那么你就会发现，实践者提出的上述问题就像种子一样，孕育了人们应对变化的敏捷反应能力。敏捷的反应曾经是一种反主流文化的现象，现在却成了主流，而敏捷方法则逐渐演化成了软件开发过程中占据主导地位的流程模式。

敏捷方法用不同的方式应对改变，其最核心的因素在于它使用的两个技巧。第一，它把工作分成小批量进行处理；第二，它利用市场源源不断的反馈来引导工作的进展。在流水线的生产过程中，客户在生产完成之前看不到整车的样子，但是在敏捷开发过程中，人们只需要制作软件的一小部分并将其呈现给客户，就可以收到客户的反馈，然后软件开发团队会基于客户的反馈决定下一步的计划。该团队有可能延续之前的方案，有可能调整工作重点，也有可能进行新的设计。随着我们的经济从以前的实物制造发展到现在的软件开发与软件技术服务，不断收集客户反馈并根据反馈做出调整的循环过程成了制胜的关键。正是通过这种不断反馈、不断调整的循环过程，人们才能在日常运营的过程中不断学习。

这种流程上的改变具有深刻的寓意。如今，团队已不再严格遵照之前设定的计划工作。相反，他们利用反馈与调整的循环过程学习如何进步。他们无法保证自己能在某个时刻造出一辆 Model T（福特旗下汽车）。但是，他们可以在制造过程中决定自己想要造出什么样的产品。

## 感知与响应模式

当你观察过去25年来软件产业的各种管理方式时，你会发现很多颇有影响力的想法都与企业在反馈循环过程中的敏捷反应有关——这一循环过程就是企业与市场进行的持续沟通。这种沟通可以体现为设计师为我们带来了以用户为中心的设计理念、设计构想和精益式用户体验，也可以体现为埃里克·莱斯和史蒂夫·布兰克等企业家提出了精益创业和客户发展理念，更可以体现为技术人员发现了精益的敏捷方法与开发运营方法论。

不仅如此，我们还看到用户参与双向沟通的新方式促成了企业领导模式的创新。我们已在科技行业中工作多年，见证并参与了这些模式的变革。能将这些变革在书中呈现给读者，我们也深感激动。我们观察了科技产业的整体形态，也了解了很多关于企业与市场双向沟通的信息与知识，我们很高兴将我们了解到的内容分享给大家。正如你将看到的，我们认为这些内容也同样适用于科技行业以外的领域。

数字技术领域的基本运行机制——反馈与调整的循环过程——在整个感知与响应模式中起到了核心作用，而以下五大关键原则反映了感知与响应模式最重要的几个主题。

- 展开双向沟通

数字技术赋予了我们与市场和客户进行双向沟通的能力。市场到底需要什么？这里所说的市场指的是市场中的人。了解那些使用我们的产品、服务和技术的人没有表达的和没有被满足的需求，才是实现我们价值的关键。这种能力是在数字时代获得成功的关键，我们不需要预测什么是有效的做法。相反，我们可以倾听，做出可信的猜测，获得几乎实时的反馈，并进行调整。

- 聚焦于结果

在数字化时代，人们很难或者几乎不可能预测哪种产品特性能满足市场需求。但是，我们经常提前设计产品特性，管理业务周期，好像我们很确定这些产品会受到市场的认可。我们通过详述输出来进行管理——明确我们将要生产什么。然而，作为管理者，我们需要聚焦于最后的结果：管理者应当宣布他们最终希望达成的商业结果，然后组建团队一起思考如何达成结果。这就意味着管理者应该为团队创造条件，让团队可以尝试不同的方法，不断试验学习，并找出最适合的方法。

- 拥抱不断发生的变化，拥抱一个个持续的过程

如今，数字技术的发展使企业团队可以不断进行小的改动，使其可以在利用感知与响应模式的过程中做出必要的调整。但是，数字技术的发展也改变了我们制订计划的方式：有了数字技术，我们一直在发展过程中不断学习、不断调整计划。它也改变了我们的预算安排：现在的我们每天都在学习新的内容，再也不能像以前一样每年做一次预算了。它还改变了我们的营销和销售方式……总而言之，发生的变化不胜枚举。我们不得不放弃之前的大批量生产模式，改为小批量生产并不断调整的模式。

- 开启合作

所有数字技术的伟大成果都是通过合作完成的——创造者与使用者的合作，开发者与操作者的合作，设计者与企业利益相关者的合作。你需要紧紧抓住合作机会，扫除阻碍合作关系发展的障碍。这就意味着，我们需要认真考虑如何组织我们的团队、部门、项目和措施。

- 创建学习型文化

感知与响应模式意味着拥抱一种不断学习的工作方式，

这种工作方式要求整个过程和组织结构不断地进行改变。反过来，这种要求也意味着我们必须建立起学习型文化，而学习型文化需要我们保持开放、谦卑的心态，并且要允许失败。学习型文化意味着培养好奇心和合作意识；学习型文化意味着我们要乐于承认自己不知道问题的答案，也要保持对答案的渴求；学习型文化也意味着拥抱变化，认同软件就是一种可持续变化的媒介。

## 为何选择此书

在科技时代，这个应运而生的管理学剧本可以给众多大型企业高管许多启示。这个剧本可以让企业与市场进行双向沟通，并且从这种沟通中发现价值。

技术导向型公司的产品团队倾向于采用小规模工作模式，他们小幅度地进行产品更新，感知产品在市场中的受欢迎程度，然后通过不断调整来回应市场的需求。有时候，这些调整会促成新软件的诞生，但并非总是如此。有时候，这些公司需要调整的是商业规则、定价、营销用语、配套政策或其他可能影响企业成功经营的变量。但不管如何调整，这些产品团队都以创造最终结果为导向，避免制订过于详细的产品计划，并将企业与市场的持续沟通作为指导。

在我们的第一本书《精益设计》中，我们提到过前文那些新兴的原则，并提出了一种工作系统，这种工作系统的运行基础就是许多小型团队的协作，它能够快速、持续地创造价值。虽然《精益设计》的目标读者是专业技术人员，但它提供的是目前最先进的数字技术工作模式，而这种模式适用于我们每一个人。采用这种新模式的团队是驱动当今商业世界的核心力量。

在我们周游世界，向各个实践者推广这些方法时，我们发现了一个普遍的现象。"我们也很想这么做，"他们说，"但是在组织里很难这么做。"随着深入了解他们的顾虑，我们发现了一个共同的问题：他们所在的组织并不支持新的工作方式。

大型企业往往与我们的理念背道而驰：它们会制订详尽的计划，然后将计划下达至执行的工厂——那里有一群只知道接受命令的员工。大型企业往往表现得像是一条生产线，把所有具体执行的工作都外包出去，将决策权留在高层管理者手中。这样的企业管理者根本不与市场进行沟通，他们的行为就仿佛按下"播放键"并播放提前录制好的演讲。

此书的第一部分详细介绍了感知与响应模式。这个模式为什么很重要？它是如何运作的？我们什么时候会用到这个模式（以及什么时候不要使用这个模式）？你可能会面临什么样的困难,以及你应该如何克服这些困难?

此书的第二部分对企业感知与响应市场提出了指导。这一部分涉及管理者如何通过调整团队和计划过程来感知与响应,如何通过开展试验来创造价值,如何通过构建运行结构来不断创造可预测的成果。我们的目的不是让读者认识到每种方法的错综复杂之处(已经有许多伟大的书籍重点介绍了这些方法),而是对所有重要的方法进行概述,解释这些方法如何协同作用以及它们对整个系统的重要性。

在过去几年里,我们一直和各种企业合作,想象、设计、构建并推出包含数字技术的新产品和服务,我们已经看到了感知与响应模式的力量以及将这种模式融入企业管理的必要性。我们看到,许多拥有行业领先地位的企业已经开始进行这种转变,而且它们转变的速度正在不断加快。由于小型创业公司不会受到遗留的旧有企业管理方式的影响,所以这些公司应用这些新方法就像是顺应自然规律一样。它们也在这次生产方式的变革中留下了浓墨重彩的一笔。我们认为此书提及的概念简单且实用,即使你不是一个专业技术人员,也可以理解这些概念。这些概念对管理者来说至关重要,这就是我们如此渴望将这些内容分享给你们的原因。

此外,我们自己也在使用感知与响应模式,我们也希望获得读者的反馈。在阅读过程中，请您记得，我们非常欢迎您与我们进行双向沟通。为了给您的学习之旅提供便利，我们以此书为契机创建了一个可以陪伴您阅读的网络平台。您可以查阅网址 http://senseandrespond.co/links/ 以了解我们在书中引用的所有原始资料。如果您想直接与我们联系，那么您可以给我们写邮件，我们的邮箱是 josh@joshuaseiden.com 和 jeff@jeffgothelf.com。请让我们知道您的想法。请让我们了解感知与响应模式是否适用于您所在的企业、您的团队，以及您的产品与服务。我们期待您的回复。

# 第一部分

感知与响应模式

# 第一章
# 不确定性

那是 2012 年的圣诞节,脸书比以往任何时候都更受欢迎。更重要的是,与以往相比,智能手机和数码摄影在那时更加流行,脸书则无疑是人们上传照片的最佳平台。然而,随着人们不断在这个社交网站中上传照片,一个新问题产生了:人们举报了数百万张照片,认为它们"不适合"出现在社交平台上。如果要及时审查这些被举报的照片,那么这项工作至少需要几千人来完成。

早在 2015 年,美国国家公共广播电台就对脸书的照片审查事件进行了报道,当时,该事件吸引了许多主流读者的注意。[1]但在科技领域,人们对类似事件早已屡见不鲜。对数字化企业来说,这种模式早已成为一种新常态:企业先将软件投放到市场中,软件会产生无法预知的影响,随后企业会努力寻找解决问题的途径并对此做出回应。这种现象频繁出现的原因在于,数字化革命为商业世界带来了两种重要的力量。第一种力量是不确定性:如今的软件系统日趋复杂,所以企业越来越难预测人们将如何利用这些软件系统。睿智的企业则懂得利用第二种力量——持续的改变。它们会不断地调整和适应,以应对上述不确定性。与制造业的实体产品不同,数字化产品更新换代极为迅速。那些真正能够不断改变产品、服务和公司整体业务的企业,才能在面对不确定性时迅速适应新情况。

应对不确定性的旧方法在数字化时代早已不再适用。比如,人们以前总是习惯制订详细周密的计划,但这种做法在当今社会屡遭失败。BBC(英国广播公司)曾试图开发可在全公司范围内使用的新型内容管理系统,但在2013年,BBC还是终止了这次长达10年的尝试。该项目就是"数字媒体计划"(DMI),BBC原本希望该计划可以使其员工通过电脑创建、分享并管理数字内容。尽管该项目的团队和赞助商制订了详细的计划,进行了多年的努力并且耗费了将近一亿英镑,但该项目最终还是未能完成它的使命。项目经理们抱怨说,需求的不断变化导致他们无法交付成果。换句话说,无论他们如何努力规划,项目计划永远无法实现。情况一直在改变,而BBC为该项目付出的努力也付诸东流了。

如果你与商业领袖们谈起这个问题,那么他们可能会告诉你许多类似的故事。例如,某些与软件相关的项目和战略计划未能创造价值,未能在规定的时间和预算内交付产品,或者只是未能完成。每年,我们都会在失败的软件开发计划上浪费数千亿美元,这主要是因为我们总认为工业时代的管理方式依然适用于数字化时代。

与此同时,软件已经逐渐成了各种规模的企业的重要构建模块。例如,高盛集团现在最大的部门就是技术部门,整个集团有32 000名员工,而技术部门就有8 000名员工,占到总员工数的25%。

虽然过程缓慢,但我们已经看到软件极大程度地改变了我们周围的产品和服务。开发出iPhone智能手机的苹果公司使诺基亚和黑莓手机的制造商加拿大RIM公司难逃被淘汰的命运。诺基亚和RIM公司都曾凭借卓越的技术成为行业巨头,但它们最终还是无法应对数字革命带来的不可预知的变化。亚马逊以同样的方式击败了对手博得书店和巴诺书店。网飞(Netflix)也这样打败了竞争对手百视达公司(Blockbuster)。

我们正处在数字革命时期,而且我们无法预测这场革命将如何收场。我们无法预测用户使用产品的方式,而竞争对手会在我们最意想不到的时候出现。不稳定性和不确定性达到了新的高度，这也成了数字革命的负面影响之一。我们需要以新的方式去应对这场革命。

脸书的审查团队完全可以雇用更多照片审查人员来处理大量的被举报的照片，但是在此之前，脸书的审查团队先对这些照片进行了研究。通过研究，该团队发现了一个很奇怪的现象：大部分被举报的照片其实并不像举报者说的那样"不适合出现在网站中"。有一些照片中的人穿着难看的毛衣，有一些照片中的人与其前男友或前女友一起出去玩，还有一些照片中的人摆着不好看的姿势。这些照片并非真的不适合出现在社交网站中——它们没有裸露、没有骚扰、没有毒品、没有仇恨言论。但是，脸书的照片举报工具并没有给用户提供一个叫作"难看的毛衣"的举报原因选项，所以假设你不喜欢一张照片，你几乎没有选择的余地：你不得不填写一个举报原因，而"不适合出现在网站中"看起来是最佳的选择。

这正是不确定性在起作用。用户在使用系统时，会知道他们自己想做什么。如果系统没有给用户提供一个简单的方法来完成某件事，那么用户会自己找到解决办法。和流水避石现象一样，流水会沿途开辟出人们无法预知的道路，而系统的用户也会找到实现目标的最简单、最快捷的办法。如果用户能在你的系统中找到办法，那么他们就会按照自己的办法去做事，即使这意味着他们正在做一些你无法预知的事情，比如举报一张难看的照片并给它标注"不适合出现在网站中"。如果他们无法在你的系统中找到他们想要的解决办法，那么他们就会放弃你的系统，转向其他更好的产品。

为了解决这个问题，脸书的产品团队试图改进其举报功能。该团队使用了我们所谓的感知与响应模式来应对不确定性。因为脸书的产品团队并不确定到底发生了什么事情，所以他们改进产品的第一步就是弄清状况。首先，他们在用户举报的过程中添加了一个新步骤——用户需要回答一个问题："你为什么要举报这张照片？"这个开放式问题帮助产品团队了解到，在大多数情况下，被举报的照片会让举报人觉得很尴尬。在了解了这一情况后，脸书的产品团队再次更新了产品。这一次，软件会要求那些举报照片的用户主动和上传该照片的用户联系。该措施确实起了作用，但并没有完全解决问题。

然后，脸书的产品团队在举报功能中添加了一个空白的消息框，这样人们就可以直接使用照片的举报功能与上传该照片的用户联系。脸书的团队对此进行了测试，这次的效果比上次好了一点儿。后来，该团队在空白的信息框里添加了一条默认消息，效果更好了一点儿。该团队尝试做了许多小改动，并将这些小改动推送给了小部分用户群体。脸书每一次改进软件时，都希望可以解决问题并获得更多关于该问题的信息。

最终，通过调整、尝试、询问和权衡，脸书的产品团队终于找到了解决问题的办法。现在，当用户想要举报照片时，他们可以选择"让人尴尬的照片"这一原因选项，该选项是专门针对这个问题设置的；举报功能会引导举报人与上传该照片的人联系，还会以举报人的名义给上传该照片的人发一条留言，脸书团队已经对留言的内容进行了详细的测试（举报人也可以编辑这条留言，但是很少有人这么做）。

如今，如果你想在脸书上举报一张照片，那么你很有可能会发现，整个过程和我刚才的描述又不太一样了。那是因为脸书某个部门中的某个人可能一直在关注举报功能的不同环节，他可能发现了某个问题，然后测试并改进了系统。这就是所谓的感知与响应模式，它是一个持续的过程。

## 不确定性是一种新常态

脸书团队面临的不确定性是一种新常态。脸书采用的策略则是应对不确定性的新兴标准。虽然脸书采用的策略看似只是一个管理办法（检测用户行为，测试解决方法，衡量方法的有效性），但其成功的根本要素是行动的能力：不仅要行动，而且要快速行动。直到现在，商界和政界的人都还认为技术只是专家们的事情，而且他们会将技术与企业的核心业务分开考虑。但现在我们知道，这种想法是行不通的，因为它削弱了企业的行动能力。

换句话说，我们无法再承担忽视技术重要性的后果了，我们不能直接将技术问题丢给技术人员，而是必须学会熟练应对技术问题。我们既要学会面对技术带来的不确定性，也要把握技术带给我们的机遇。现实是这样的：将软件问题的责任都推给 IT 部门，就好比把呼吸的责任都推给氧气一样。

### ➢ 流水线管理正在退出历史舞台

要想弄清管理方式为什么需要改变，我们要先回顾过去，思考到底发生了哪些变化。我们深以为然的管理科学在很大程度上是围绕着某种产品的生产过程展开的，可是生产过程已经发生了变化。我们正在使用新方法、新材料创造各种各样的新事物，那么我们的管理方式自然也应该随之改变。

我们都知道亨利·福特和流水线的故事：福特将重复且可预知的工作分为若干个可重复的子过程，这颠覆了整个制造业，奠定了福特公司在汽车制造业的领先地位，也改变了全球企业对实物生产的看法。福特公司的生产模式创造了巨大的价值和财富，并成了我们习以为常的主要商业模式。

我们之前对个人计算机技术和软件的介绍还无法说明计算机和软件与汽车有何不同，或者说与其他通过流水线生产的现代工业产品有何不同。当然，我们购买的笔记本电脑、手机和其他高科技设备都是通过流水线制造的——那些肯定是非常先进的流水线，但它们也只不过是流水线。而且，消费者购买的早期软件程序看起来也和其他产品一样。我们走进电脑商店，拿起用收缩膜包装的大盒微软 Office 软件或 Lotus 1-2-3 软件，带回家进行安装。这些产品看起来就像是被"制造"的产品，即使当时的软件开发者已经开始怀疑这些产品和传统的产品有所不同。

随着 20 世纪 90 年代末第一波互联网公司浪潮的到来，一种新的软件分销模式 SaaS（软件即服务）应运而生。在这种模式下，我们不需要在本地计算机上安装软件。厂商会将软件部署在自己的服务器上，用户通过互联网向厂商购买他们需要的软件服务，然后即可在浏览器上享受软件服务。采用 SaaS 模式的企业可以向用户保证：用户不用再去商店购买软件或重新安装软件更新；用户可以一直享受最新的软件服务，因为厂商的服务器会不断地进行产品更新。

> **避免制造业思维**

这种转变看起来可能只是一个很小的流程上的变化,但它实际上有着非常重大的意义。为什么?因为所谓的制造过程——将软件拷贝到软盘、CD 或 DVD 中的过程——已经不再是软件的应用过程的一部分了。通过移除这一步骤,我们启用了一个全新的模式。

在这种新模式下,软件厂商与客户交流的方式发生了变化:厂商不需要再去说服客户购买最新版软件,只需要把最新版软件推送到服务器中;厂商也不需要再去说服用户安装软件更新,用户只要在网上登录,就可以享受最新的软件服务。

这种新的模式也改变了经济激励机制。对采用大批量生产方式的制造业来说,开发新产品的高成本要通过流水线的高效率来抵消,因此企业自然希望一次性组建多条生产线,然后制成尽可能多的产品。汽车制造商还创造了一个非常有名的年度产品周期,也就是所谓的 model year(模型年)。企业通过遵循这种周期,在利用大规模生产线的同时满足了市场对新产品的需要。我们对商家每年推出新款产品的节奏早已司空见惯,以至于这种做法好像已经成为一种自然现象,但事实并不是这样的,这只是商家基于自己生产产品的方式而设计的策略。

有这样一个惊人的事实:亚马逊每隔 11.6 秒就会向全球发

布一次软件更新。[2] 11.6 秒的速度看似不可思议，但亚马逊采用了一系列方法使其成了可能，这一系列方法被称为"持续部署"。大致意思就是，软件开发商利用持续部署使其软件系统一直处于准备就绪的状态，然后不断地对系统进行改进。在持续部署方面，亚马逊是领导者之一，但越来越多的大企业已经能做到每天发布一次软件更新，而且很多企业还能每天发布多次软件更新。

对管理者来说，这意味着什么？毫不夸张地说，这意味着一切都改变了。在数字化世界里，早已不存在所谓的"制造"。对需要制造这一步骤的企业来说，改变需要很高的成本；每当你想要改动一个产品时，你就需要重新制造，这导致了成本的增加。受到成本的限制，人们无法频繁地改动产品。看起来如果没有制造这一步骤，那么改动产品便不会受限。但事实并非如此，整个系统还会在其他方面限制人们改动产品——比如，客户可以接受多大的改动？在保证不降低质量或增加其他成本的情况下，我们能做多大的改动？但是，像亚马逊这样的行业领导者已经向我们证明了，这些条件的限制远远没有我们想象的那么大。事实上，我们已经可以做到持续、快速地为客户和内部员工提供新的特性、功能和服务。

# 在不确定性中发现价值

亚马逊为何要如此频繁地发布软件更新？这不仅是因为亚马逊有能力。确切地说，频繁发布软件更新只是感知与响应模式的一种形式。这种模式要求企业反复感知市场的需求并迅速做出响应。正如脸书的故事说明的那样，这种模式使企业团队可以了解复杂的情况、减少不确定性并找到有效的解决办法。

以下是采用感知与响应模式的好处。

## ➤ 提供灵活服务

第一代消费类软件改变了我们的工作方式。电子表格和文字处理器的出现极大程度地提高了个人生产力。但是，第一代软件无法进行修改。当企业想要利用软件提供服务时，结果往往非常糟糕。它们可能面临效率低下、混乱不清、难以使用的问题。

回想一下你给呼叫中心打电话的场景。你是否曾多次在电话接通后发现接线员正疲于应对他的电脑系统？过去，业务流程和客户行为都要适应软件的运行方式，因为当时软件的更新频率太低了。我们曾经偶然听到一些来自工业塑料行业的高管比较各自的客户服务流程的基准。他们在谈论每家企业每天处理多少个订单:平均每家企业大概处理30个订单。随后,某个高管大声说道:"过去,我们每天处理30个订单。后来我们安装了新的接单系统,现在我们每天只能处理2个订单。"

如今,我们能够不断地改进软件,所以企业可以在提供客户服务时以软件为基础进行调整,或者直接提供由软件支持的客户服务。曾经的软件缺乏灵活性,无法进行改变,但现在的软件发挥出了"软"的潜能。在整个商业过程中,软件可以进行灵活的变化,这使企业在向客户交付服务时有了更高的灵活性。从前,企业在推出一种服务后,只能让其保持原样;现在,企业可以在推出某项服务后不断地进行调整,直到该服务得到客户的一致认可。如今,假使企业需要改变某个策略或商业流程,它只需要调整支持该策略或流程的软件。

## ➢ 降低风险

如果你经常关注新闻报道,那么你应该总能听说一些大型技术项目最终宣告失败的事件。CIO网站最新发布的新闻头条对此更是直言不讳:"企业软件项目能否成功仍是未知数。"[3] Standish集团内研究技术类项目成果的行业分析师这几年来一直在测算数字技术行业的基准。他们最新的研究成果表明,IT项目的失败概率在70%左右。虽说这个失败概率很高,但它至少比20世纪90年代测算出的超过80%的失败率要乐观一些。

比如，在马萨诸塞州，州政府用了超过19年的时间，投入了超过7 500万美元，试图建立一个系统来连接马萨诸塞州所有的法院。这项工程原本只需5年即可完成，但是19年过去了，绝大多数观察者认为这个项目毫无用处：这是一个耗资巨大却彻底失败的项目。

感知与响应模式可以挽救这个项目。传统的IT项目倾向于采用一种"大爆炸"的方式，也就是说，项目团队只会等到全部完成之后才会公开发布软件。这就意味着，除非整个项目已经完成，否则负责软件开发的团队很难判断自己是否偏离了正确的研发轨道。与此形成鲜明对比的就是敏捷方法，这种方法是感知与响应模式的核心。它可以解决这个问题，因为这种方法意味着软件开发团队会从项目初始阶段开始多次发布整个软件系统的小部分内容。这可以降低软件开发团队偏离正确研发轨道的风险，因为采用敏捷方法可以使研发信息透明化。人们可以很轻易地了解到某个团队当前的研发动态，因为该团队一直在与客户分享研发成果。

研发信息透明化是至关重要的，这是不断获得客户反馈的前提。只有实现信息透明化，客户才能及时告知研发团队软件能否正常运作，是否满足客户需求，以及它是否达到了企业的预期效果。为什么要等到项目结束才去寻找这些问题的答案呢?

## ➢ 优化程序，创造价值

想象一下，此刻你是亚马逊的一位高管。你掌管着一家大型电子商务企业，当人们在你的网站上买东西时，你会获得利润。如果要在你的网站上买东西，那么人们必须在网站上完成结算过程。因此，只有优化网上结算的流程，使人们顺利跳转到付款界面，作为企业管理者的你才能获得最大利益。你不希望看到客户被付款结算流程搞得晕头转向，也不想在付款结算流程中分散客户的注意力，你肯定希望客户能顺利完成付款结算流程并完成交易。

亚马逊和其他同类企业采用了一个方法迅速优化结算流程，这种方法就是发布网站某个部分（比如结算流程部分）的不同版本，并将用户分流到不同的版本中，然后比较不同版本的效果。亚马逊和其他同类企业其实是利用了一种科学方法。这种方法被称为A/B测试，是被互联网企业广泛使用的方法。比如，脸书的产品团队当时就利用了这种方法来测试用户举报照片问题的解决措施。亚马逊这样的企业每天会进行多次A/B测试，不断优化各种流程。即使表面上看不出这些优化措施的价值，但事实证明，这些优化措施给企业带来了巨大的价值。在一个很有名的案例中,一家大型互联网零售商通过改变结算流程中的某个按钮的措辞,使每年的销售额增加了3亿美元。[4]

2012年,奥巴马竞选团队也利用这个方法测试了其竞选网站上的几乎所有内容。例如,该竞选团队一直想要优化网站的捐款页面。在团队成员尝试了许多方法之后,他们最终决定在该页面引用奥巴马的一句话。与之前未引用这句话的页面相比,改进后的页面使捐款金额增加了11.6%。这个数字看似不多,但是考虑到捐款总额,这一小小的改动总共为奥巴马的竞选活动增加了数百万美元的捐款。[5]

这种优化方式之所以能够实现,离不开两个重要因素。第一,你需要拥有完善的技术性基础设施,才能执行测试、收集结果,并将这些结果快速反馈给相关人员。更重要的是第二个因素:管理层的态度。管理者需要承认自己并不是无所不知的,而且他们必须在恰当的时候同意将想法投放到市场中进行测试。如果企业想要在数字时代获得成功,那么这种管理的新思维只是企业需要采用的第一个重要的管理创新理念。

## ➢ 识别突然出现的价值

为了理解所谓的"突然出现的价值",我们需要想想这些由科技创造出来的产品和服务的本质是什么。

在计算机革命早期，当第一台个人电脑进入市场时，人们谈到了"杀手级应用程序"——这是指一种非常有用且吸引人的应用程序，它能够促使消费者购买大量装有该应用程序的机器。众所周知，电子数据表（最早是 VisiCalc，后来是 Lotus 1-2-3）是早期促使一些客户购买个人电脑的主要因素。对另外一些人来说，促使他们购买个人电脑的杀手级应用程序是文字处理器。但不管是哪一种情况，人们使用这些程序的场景都非常相似：一个人坐在一台计算机前与软件互动，希望借助一个更高效的工具释放更多的生产力。

现在，我们再看看当代的杀手级应用程序。想象一下，一台电脑无法连接网络，或者智能手机只能使用飞行模式。没有了网络连接，这些设备几乎无法工作——它们丧失了绝大部分的价值。发生这种情况的原因在于，技术系统越来越多地将我们与网络服务连接了起来，更重要的是，它也将我们与互联网上的其他用户连接了起来。我们使用推特和脸书来分享新闻与信息；我们使用亚马逊来购物；我们使用优步（Uber）来寻找能够提供打车服务的司机；我们使用谷歌地图和众包地图（Waze）来进行导航，而系统中的其他用户会在这些软件上提供实时路况信息。这些应用程序不再是在我们的个人电脑上独立运行的程序了。

不只有用户在利用网络连接技术做新的事情，越来越多的企业也开始利用网络连接技术交付它们的核心服务。比如，美国 Simple 银行是一家网络银行服务商，人们只能通过软件登录这家银行的界面，虽然幕后有真正的人类在运作这家银行。健康减重机构慧优体（Weight Watchers）对传统渠道进行了补充，该机构能够使客户通过智能手机上的应用程序来与减肥教练建立连接。

想要设计和创建新型系统，管理者要采用一种新的管理方式。当你将应用程序连接到规模更大的通信系统中时，事情的复杂程度会急剧增加，不确定性也会快速提高。我们很难预测不同的客户群体会如何使用这些程序，这导致我们很难获知程序的哪些部分对客户来说是有价值的。

让我们以 hashtag（#字标签）为例。Hashtag 在 2007 年诞生于推特，是一种标注网络推文内容与对话的方法。如今，hashtag 已经无处不在。Hashtag 不是推特官方计划推出的内容。相反，它是推特用户的原创发明，用户自发使用 hashtag 来标注推文里面的关键词。事实证明，这种方法大受欢迎，因为当用户对某个标签感兴趣时，他们可以通过 hashtag 找到所有被加上了标签的推文。换句话说，这种方法创造了价值，所以它的使用范围变得广泛起来。直到两年之后，也就是 2009 年，推特才对用户使用 hashtag 的方式做出了回应。推特在软件系统里添加了一些功能，为用户使用 hashtag 提供支持。推特为推文里出现的所有 hashtag 加上了超链接，用户只需要直接点击该链接，就可以看到所有被加上了标签的推文。[6] 如今，推特已经把 hashtag 变成了能赚钱的产品：企业可以通过购买使用了特定 hashtag 的广告来更好地定位目标群体。

Hashtag 的故事就是一个极好的案例，讲述了一家企业如何对预料之外的客户行为做出响应（即使响应的速度比较慢），从而捕获并创造了价值。从这个故事中，我们可以看出客户价值与商业价值的联系。当我们能够明白客户需求时，我们就建立了服务客户的根基，从而能够创造出商业价值。

然而，那些没有准备好合理利用无法预测的用户行为的企业，则会遇到大麻烦。前文提到的 BBC 数字媒体计划就是一个案例。技术经理们抱怨该项目失败的原因之一就是公司内部的使用者不断改变对软件系统的要求。这样的抱怨在科技领域屡见不鲜——这已经成为人们推卸责任的一种方式，他们要么抱怨客户变化无常，要么抱怨技术人员没有对发生的变化及时做出回应。现实总是更加微妙，虽然仔细研究用户需求是重要且很有价值的，但很多时候仅仅做到这一点是不够的。通常来说，人们无法提前获知客户对软件的要求，一旦某个软件系统被投入使用，人们就会发现新的客户需求，于是他们就会对软件系统提出新的要求。

这同样是不确定性在发挥作用。正如 hashtag 的故事所表明的那样，如果企业愿意接受不确定性，那么它们就可以从无法预测的客户行为中发现新的想法，因为这些用户的行为正是发生在各种不确定的情形中。如果企业可以采取合适的应对措施，那么无法预测的客户行为——突然出现的行为——就会变成突然出现的价值。然而，如果企业试图预测未来，并且拒绝接受突如其来的事实，那么计划与现实的差距很可能会让这些企业大失所望，互相推卸责任，推迟项目进度，并最终导致项目的失败。

但是，做出适当的回应绝非易事。管理者需要采用新的思维，并且要在接收到新信息后及时调整计划。这种管理的新思维要求管理者接受持续的变化和不确定性，收集消费者的反馈，然后从反馈中寻求机遇并创造新的价值。简而言之，这种新思维要求管理者承认："我不知道答案。让我们一起去寻找答案吧。"

## 适应复杂的环境

就 20 世纪领导者的典型形象而言，"我不知道"是一个禁忌。向自己或他人承认事情的不确定性被视为一种软弱的表现。这种思维方式在现在的许多企业中还很常见，但如今的系统十分复杂，而且要求企业适应不断发生的变化。企业领导者如果仍然坚持这种思维方式，就很难在这种复杂的自适应系统中寻求突然出现的价值：如今的软件系统由许多组件构成，这些组件的行为与交互方式使人们根本无法预测未来。在当前环境下，软件系统的发展导致人们很难预测与软件系统的互动过程，也无法获知软件系统的哪些特性会受到客户的欢迎。

大卫·斯诺登和玛丽·E.布恩曾经在《哈佛商业评论》中描述了现在的软件系统与工业时代的机械系统之间的差异。

> 这就像是巴西雨林和一辆法拉利汽车之间的差异。法拉利汽车是结构复杂的机器，但一位经验丰富的技师可以把这辆汽车拆开并重新组装，一切都可以恢复原状，而且不会发生任何变化。汽车是静态的，它是所有零件组装后的总和。但是雨林恰恰相反，它在不断变化——某一物种走向灭绝、气候模式发生变化、某个农业项目改变了河流的流向——其中的一切早已远远超过所有组成部分的总和。这片领域充满"未知的未知"，而这片领域也是许多现代企业的新阵地。[7]

如果不能接受不确定性，那么你就无法利用软件系统的衍生价值。这就是为什么许多组织正在转向持续的、小规模的、快速的试验与调整的循环过程——这是感知与响应模式的核心内容。通过进行多次调整并测试结果，产品团队可以在实践中发现解决方法，而这些解决方法正是提出"软件系统复杂论"的理论家所提倡的方法，可以帮助人们应对复杂的环境。

### ➢ 旧模式和感知与响应模式

在数字革命开始时，市场环境呈现出了前所未有的复杂性和不确定性，绝大多数企业都在沿用工业时代的管理方式，因为这些方式在数字革命来临前都很有效。用斯诺登和布恩在《哈佛商业评论》中的类比来说，当时的企业家们都以为软件不过就是某种像法拉利汽车一样的产品。于是，他们并没有改变制造软件的方式，当然也不会考虑改变管理方式来适应数字革命带来的影响。

随着我们在软件开发方面的经验不断增加，我们学会了如何更好地管理软件。我们采用的方式——无处不在的敏捷方法——使我们可以像对待不断变化的雨林一样对待软件。软件管理这门学问更像是林学，而不是工程学。

现在，我们已经准备好迈出下一步了。当我们逐渐意识到自己越来越依赖软件系统，并且发现数字革命早已通过软件系统将企业与世界上的其他人连接在了一起时，我们必须开始用管理软件的方式来管理企业。换句话说，之前我们用管理企业的方式来管理软件，现在我们则需要用管理软件的方式来管理企业。

## ➢ 自主指导型团队有着不断变化的节奏

为了适应数字时代不断变化的新节奏，团队必须拥有自由发挥的空间。企业必须给予这些团队不断试验和学习的自由。这就意味着，这些团队应当拥有更大的决策权。工业时代的流水线生产方式旨在将"想"（管理层负责构思）与"做"（工人们负责实施）分开。这种生产方式试图将工人变成流水线上的机器。但是，人不是机器，感知市场需求并迅速做出响应的过程有利于工人对生产过程进行思考与决策。以前的决策命令是从上级层层传达到下级的，而生产流程既可预测也可测量；可是在现在的数字社会中，这种决策命令越来越少。如今，越来越多的决策来自底层工作人员，他们具有软件方面的专业技术，并且能够获取最新的信息，决策流程从过去的从上到下变成了现在的从下到上。最接近市场的人是这些底层的工作人员，而不是企业高层的管理者。

举例来说，让我们看看 Etsy 网站，这是一家成立了 10 多年的电子商务创业公司，公司总部设在美国纽约。Etsy 是一个在线销售手工艺品的网站。在这里，买家可以向 100 多万名个人卖家购买手工艺品，它可以说是世界上最大的手工艺品交易网站。Etsy 最有名的就是它不断试验的企业文化。Etsy 一直在用前文提到的 A/B 测试法不断测试并优化其网站和移动应用程序的设计。Etsy 通常会开发出某个功能的不同版本，将这些不同的版本暂时分别提供给一小部分客户（多个精心挑选出的客户群体）使用，随后观察结果。Etsy 复杂精细的软件系统使其可以撤回那些不成功的设计，并针对最初的测试群体之外的客户推出调整后的设计。这一切发生得很快，正是通过这种不断调整部署的方式，Etsy 能够不断地对自己的网站做出一个又一个小改动。Etsy 也因为其分权的企业文化而闻名。只要遵守企业的战略准则，Etsy 的每一个团队都可以自由地试验、学习并调整工作。

Etsy 是一家拥有约 800 名员工的软件创业公司，公司的年收入大约为 2.75 亿美元，每年的商品销售总额约为 20 亿美元。[8] 所以，虽然 Etsy 能够很出色地使用这些管理方式，但是它说到底是一家以数字技术起家的公司。那么，这些管理方式对更传统的行业来说是否适用呢？

第一章　不确定性

> **用经营软件公司的方式经营汽车公司**

之前既然谈到了亨利·福特的流水线生产方式,那么我们就来看看汽车行业——数字技术正不断给这个行业带来革命性的影响。

2015年3月,纯电动汽车生产商特斯拉汽车公司宣布,它将克服其通往成功的一大障碍,那就是"里程焦虑",即消费者在驾驶电动汽车时因担心突然没电且里程范围内没有充电站而产生的精神痛苦或忧虑。特斯拉创始人埃隆·马斯克向用户宣布,升级后的车型将具备减轻里程焦虑的新功能。

在大约一周之后,此事引起了媒体和充满好奇的观察者的热烈讨论:特斯拉将如何解决这个问题呢?后来,马斯克在一次新闻发布会上透露了特斯拉的解决措施:汽车新增了"里程保证"功能。在特斯拉汽车行驶的过程中,系统会实时监测电力和行驶情况(当前的行驶速度是多少?行车时的天气如何?道路是平坦的还是起伏不平的?),以帮助车主预测汽车能够行驶的里程数。同时,该功能还能够帮助车主查找最近的充电站的地理位置。有了这项功能,当特斯拉汽车电量不足需要充电时,它会提前提醒车主并引导车主驾驶到最合适的充电站。马斯克表示,特斯拉汽车的车主绝不会遇到电量耗尽的情况,除非他们故意不充电。

记者们认为,这项新功能对改进未来的车型而言是一次小小的成功,他们想知道车主什么时候才能开始使用这项功能。马斯克是如何回复的呢?在此次新闻发布会之后,特斯拉汽车的车主会很快收到更新升级的通知,他们可以通过下载软件来安装更新程序。该软件会被发布在网上,车主可以通过 Wi-Fi(无线网络通信技术)将其安装到汽车上。

新闻发布会结束后不久,《消费者报告》杂志在推特上发表了评论。

> 特斯拉发布会最大的作用就是提醒人们,汽车也成了可以随着时间的推移不断改善的产品,就像其他电子设备一样。[9]

换句话说,就像智能手机和电脑可以进行更新一样,汽车也可以自动更新了。而且,其他以传统的方式制造出来的产品可能也会实现自动更新。

## ➢ 改变的不仅仅是产品

我们总是想当然地认为,产品每天都在变得更加精细、复杂,所以当特斯拉的汽车设计得越来越精良时,我们并不觉得惊讶。不过，汽车行业的其他方面也在发生改变。车主不需要去找代理商或技术人员为汽车升级——特斯拉可以通过无线互联网发布软件更新，这改变了汽车的保养过程。特斯拉还会实时监控汽车的使用过程，这样它就会知道哪台汽车何时需要服务。

所以，软件正在改变我们的产品——在特斯拉的案例中，这种产品指的是汽车——而且正在改变产品的保养过程。软件也正在改变汽车行业基本的发布周期。以前，消费者需要购买下一年的车型才能够享受最新的功能，现在完全没必要了。只要制造商做好了准备，他们可以随时发布新功能。

## ➢ 像开发软件产品一样开发硬件产品

快速发布产品的最著名的例子是中国的手机制造商小米，它成立于 2010 年。小米总是小批量地发布新手机——每周二推出 10 万部手机——每批手机都会迅速售罄。更令人印象深刻的是，小米会根据网络论坛上的客户反馈不断更新自己的产品。也就是说，某位客户在论坛上提出的建议会被递交给产品经理，随后被转交给工程师，然后小米会在几天之后发布改进后的版本。小米也是一家不断与客户进行双向沟通的公司。

由于小米每次小批量出售的手机都配有最新的、最受客户喜爱的功能，所以它有了很大的竞争优势。小米不需要猜测市场的需求，客户反馈能够快速将市场真正的需求告诉小米。在制造行业，制造商错误估计市场需求可能会导致仓库堆满销售不出去的库存商品，这种代价对企业来说过于昂贵了。数字技术使企业可以一边收集市场反馈，一边进行小批量的手机生产，从而降低企业库存积压的风险。如果你曾经从事过零售行业，那么你就会知道预测产量面临的挑战，而错误估计市场需求会导致产能过剩，这是非常昂贵的成本。小米利用了来自数字世界的策略，限制了长期预测的不确定性，并在很大程度上确保了自己生产的手机能够满足客户的需求——换句话说，小米能够保证自己生产的产品卖得很好。

## 新角色、新方法与新活动

不管是 Etsy、特斯拉还是小米，这些企业的团队使用的都是实时掌握市场需求、与市场进行双向沟通的感应能力，这种能力是由数字技术提供的。这些公司能够感知哪些客户需要它们的关注与服务。它们基于感知到的信息来决定发布哪些新功能或调整哪些商业流程。它们从市场中收集的数据既可能助它们一臂之力，也可能对它们造成破坏性的打击：这些数据很有可能打乱企业的计划、发展道路规划和进度安排。当实时信息表明某个发动机需要接受维修时，相较于你之前做好的维修计划，你难道不打算优先考虑这个最新信息吗？如果你发现市场上的某个需求对你的客户来说是一个很严重的问题（比如里程焦虑），而你明天就可以解决这个问题，那么你为何要等到明年才解决它呢？

除此之外，新的问题又出现了。如果你不知道产品的新功能会何时出现——甚至根本不知道会出现什么新功能，那么你如何发起一场关于产品新功能的营销活动呢？如果你自己都不确定可以为客户提供什么新功能，那么你又如何为客户起草合同呢？如果连作为管理者的你都毫无计划，那么你如何协调多个团队的活动呢？

答案就是，你需要改变企业所有部门的运作模式以及你对"计划"的理解。如果只改变产品的生产方式，然后让企业的其他部门照常运作，就当这些改变从未发生过，那么你是无法解决问题的。BBC 在数字媒体计划项目中就犯了这个错误。该项目应该让那些非软件开发团队的经理也积极参与进来，而不是只把他们当作被动接受的软件用户。这个项目需要这些经理和其他用户提供他们的见解，只有这样，该项目团队才能了解用户对这个软件系统的真实需求。然而，不论出于何种原因，经理们拒绝参与软件开发的过程。他们这么做的后果就是将这个项目存活所需的氧气（内部用户的反馈意见）全部耗尽，这最终导致了项目的失败。在数字社会，与客户进行双向沟通是企业走向成功的必经之路，为了创造这种双向沟通，我们必须明白，它将改变企业内部人员的交流模式。

这意味着，我们需要思考并改变所有团队的运作方式。我们需要改变构思、创造和营销产品与服务的方式。我们需要改变在上述过程中与消费者、利益相关者和用户互动的方式。

不仅是软件工程师和设计师需要改变工作方式，产品经理也不得不彻底地重新思考如何进行规划和预算。他们必须调整自己的工作方式以适应整个企业的协调和规划工作。市场营销人员与销售人员都需要调整自己的工作方式。他们必须改变自己的销售模式以及与供应商的合同。当然，高级经理和高管们也面临着一波从下到上的计划浪潮（很多决策将来自底层工作人员），这会对他们的期望、指令和权威构成挑战。许多企业能够调整工作方式并充分利用数字技术，它们已经很平稳地过渡到了后工业化时代。然而，对那些仍在沿用工业时代的权力集中、从上到下的计划方式的企业而言，日子就不太好过了，它们甚至可以说是备受煎熬。

第一章　不确定性

> **保持不断改进的心态：不仅仅是倾听客户的心声**

我们看到，许多企业正处在备受煎熬的状态中。它们的技术团队正逐步实现（也许只是暂时的）持续的工作节奏，并且采用了使这种节奏成为可能的不断改进的心态；但这些企业很难将技术团队与其他团队一体化，因为其他团队还没有一种可以转向这种新节奏的模式。

多年来，许多公司一直在谈论"倾听客户的心声"，但只倾听是不够的。随着数字技术不断助力企业的方方面面，我们会看到企业在许多领域面临管理不确定性的问题。众多技术团队和理论家已达成一致，他们认为解决该问题的办法就是采用敏捷方法，频繁开展小型试验，促使企业内部和外部角色深入协作，并保持不断改进的心态。感知与响应模式融合了这些内容，能够帮助企业倾听客户的心声并以最快的速度、最高的灵活性做出回应。这不仅仅是倾听客户需求的过程，还是一个持续的双向沟通的过程。

## 感知与响应模式带给组织的启示

√ 由于数字革命,企业正面临着前所未有的复杂性和不确定性。

√ 工业时代管理不确定性的方式是制订详细的计划。但是,因为如今的软件系统精细复杂,所以这种方式已经不再适用。详细的计划赶不上变化的现实。

√ 应对不确定性的最好办法是持续、小批量地发布产品,这样企业才能不断学习、不断进步。

√ 感知与响应模式率先出现在软件领域,但它在整个商业世界中变得越来越重要了,因为企业的各方面运作都与软件密不可分。

第一章 不确定性

# 第二章
# 持续学习

感知与响应模式如何使企业与市场进行双向沟通？企业团队如何利用这种双向沟通创造价值？让我们来看看下面的例子。

2014年，时代公司（Time Inc.）找我们为其旗下的《烹饪之光》杂志开发新的数字化产品。《烹饪之光》杂志在过去的30年里，一直致力于成为人们查找健康饮食食谱的重要信息来源。随着杂志行业发生剧变，报纸杂志的订阅量和收入下跌，《烹饪之光》杂志面临着挑战。这本杂志讲述的是健康饮食的食谱、小贴士以及建议，而这些内容之前都只是它单向传递给客户的——换句话说，该杂志通过打印的方式让读者看到了这些内容。人们对这些内容的需求确实存在，或者说这种需求达到了史上的最高水平——美国人开始远离快餐，并正在转向健康饮食——然而,《烹饪之光》杂志没能好好地利用这一发展趋势。更糟糕的是,《烹饪之光》老套的业务模式也在慢慢走向失败。它需要找到新的收入来源。

## 不断学习比交付产品更重要

《烹饪之光》的团队需要了解,什么样的服务才能为读者提供真正的价值。该团队的成员提出了许多想法,但是他们不知道哪些想法能够成功,所以他们首先要集中注意力不断学习,而不是急于开发产品。

这是采用了感知与响应模式的企业的指导原则。企业应该先与客户沟通,开始学习,然后改善现有产品并交付改进后的新产品。如果很早就开始探索客户的需求,那么企业就可以很早知道哪种想法会与客户不谋而合,这样,企业就开始了持续的学习过程。如果不去学习,那么企业就会面临其产品或服务无人问津的风险。你越早判断出自己的商业策略是否值得进一步投资,越能够减少做无用功的时间。换句话说,你越早发现自己做错了越好。

《烹饪之光》的团队成员决定先测试他们觉得最棒的想法——一种新的饮食服务,即定期向用户的电子邮箱发送健康食谱：烹饪之光饮食集。这些成员创建了一个登录页面测试，开启了他们的学习之路：这是一种旨在推广新产品或服务的单页网站，通常创建于这种产品或服务发布之前。《烹饪之光》的团队创建了三种版本的网页，每个版本都有以下三种内容的变体。

- 清晰的服务说明
- 服务费用
- 客户注册加入获取服务的候补名单的方法

当然，还有第四种内容：这项服务看起来很不错。

这些页面就是数字化产品的第一个版本。制作这几个页面并不复杂，该团队设计它们的目的在于开始与用户进行双向沟通。如果这次测试取得了成功，它将会帮助产品团队快速学习如何接近目标客户群体。如果这次测试失败了，而产品团队并没有在这方面花费太多时间或精力，那么他们还能承担下一次的尝试。

《烹饪之光》的团队成员想先研究或感知他们的想法是否值得进一步投资，而这些登录页面正是风险较低的学习工具。这些早期的产品迭代使团队可以感知客户的兴趣、意图、对价值的认识和价格敏感度。这是一种快速学习的方法。与开发一项功能齐全的服务相比，制作并发布一次甚至三次登录页面测试所付出的精力简直微不足道。

整个过程只需要几天。制作一个标准的登录页面大概需要花费一天的时间，而且通常可以在一周之内得到有用的测试结果。传统的市场调研活动通常需要几周或几个月的时间才能完成，而采用登录页面测试的团队可以更加快速地感知市场的需求。

在第一次测试时，《烹饪之光》的团队就得到了一个好消息：现有的读者和从未阅读过《烹饪之光》杂志的用户都愿意以远超平均水平的费用注册成为体验这项新服务的候补名单上的一员。读者对该早期产品的高参与率使《烹饪之光》的团队更加确信，这个产品值得进一步投资，他们可以进一步开发该产品的新版本了。

> **拥抱不确定性：不要制订计划，要提出问题**

《烹饪之光》的团队一开始做了两件事：首先确定一个战略目标，然后列出许多问题。对这样一个重大的企业新计划来说，只做这两件事实在是太少了。但是，面对着各种不确定性，团队成员觉得自己只能这么做。

他们认为，在他们当前的状态（订阅量和广告收入不断下降）与他们期望达到的最终状态（利用现存的资产和强项提供高价值服务，以促进收入增长）之间，隔着一层迷雾。他们可以看到迷雾中的一部分道路（客户对内容的渴望以及为之付费的意愿），但是除此之外，他们根本无法看清整条道路。他们要提供什么样的服务？他们该如何执行？他们首先应该关注哪些客户群体？

在工业时代，人们经常在整个团队开始工作之前制订详细的计划。事实上，这个团队有足够的预算，可以支撑他们在某一个方向上走许多步；然而，这样做会使他们花费很多金钱和时间，他们明白这种做法是有风险的。考虑到迷雾遮住了他们的视线，只让他们看到了接下来的几步路，该团队如果继续往前走，就有可能面临掉下悬崖的风险。他们每走一小步都是在不断积累信息（比如登录页面测试），团队成员可以感知新信息，降低不确定性，然后调整行进方向。

登录页面测试、试验以及面向市场的持续学习都是精益创业方法论的要素，该方法是由埃里克·莱斯在他的同名畅销书《精益创业》中提出的。[1] 莱斯提出，我们应该把创业和其他高风险的努力当作试验。试验的意义不在于确定某家公司能否开发出一种新的服务或产品。确切地说，由于这些试验能够快速收集市场反馈，它们决定了某家公司是否应该继续开展这些开发项目。换句话说，莱斯是告诫我们要先考虑市场风险，再考虑技术风险。

精益创业的概念借鉴了丰田的生产理念，这种理念也被称为"精益生产"。被称为精益思想之父的大野耐一曾在第二次世界大战后与丰田公司的丰田英二合作创造了这种生产体系，它可以使价值最大化，有效利用有限的资金并避免浪费。这两个人相信，一种体系（或一家公司、一种产品、一个项目）在不断追求改进的发展过程中，总是会从怀疑状态转变为确定状态。企业在不断完善自己、创造客户价值的过程中所走的每一步都很宝贵。除此之外的一切都是多余的。

## ➤ 进步的新体现：从一个问题到另一个问题

从怀疑到确定这一不断学习的过程通常是不断试错的过程。我们在学习走路、骑自行车、阅读或演奏乐器时，也采用了试错法。换句话说，我们通过实践来学习。当我们把项目交给团队时，我们希望他们能够采取行动，特别是通过学习的方式采取行动。

在工业时代的老旧模式中，我们总是倾向于依靠详细的提前研究来学习。等到需要付诸实践的时候，我们会假设学习过程已经完成了。但是，感知与响应模式不是这样的。我们不太注重预先学习，而是更加注重在实践中不断学习。我们想要确保团队一直有机会尝试新事物，我们不会因为失败而指责他们。团队收到的每个客户反馈——无论是正面的还是负面的——都是向前迈出的一步。这些反馈能够帮助团队成员不断积累集体知识，提出更好的问题。换句话说，这使他们能够更好地与市场进行下一次沟通。

到目前为止，《烹饪之光》的团队已经回答了第一阶段的问题。登录页面测试帮助团队成员找到了有价值的想法；这个测试可以推动该团队实现自己的战略目标，而且他们已经列出了一张长长的名单，上面都是有意愿为该服务付费的客户。该团队已经准备好提出下一组问题了。现在，是时候仔细了解客户认为有价值的内容和产品特点是什么了。

该团队知道，他们可以用几周时间来弄清楚新产品应有的功能、系统的运作方式以及系统应该是什么样子的。但是这次，他们依旧选择了学习优先。他们决定先发布该服务的测试版本。在这次测试中，他们从候补名单上挑出了前 12 个名字，给这些客户权限，让他们试用这项服务。这件事让所有体验者感到非常兴奋，然而事实上，该团队并没有用软件提供服务。相反，这个团队开创了一种 Wizard of Oz 测试（绿野仙踪测试），之所以叫这个名字，是因为虽然该系统看起来好像是通过技术操作的，但实际上它是由人在幕后代替机器操作的，人类会模拟机器的行为，就像电影里演的那样。

《烹饪之光》团队一直通过邮件和电话采访与该服务的第一批体验者保持沟通。团队成员利用他们在沟通过程中得到的信息，手动为每个体验者创建菜单。他们把创建好的菜单嵌入一个精心设计的邮件模板，每周给所有客户发一封这样的邮件。在一周结束时，团队成员会和新客户进行电话沟通，以便了解新服务中的哪些要素是有价值的。他们会询问客户实际使用了哪些菜谱，还需要哪些有意义的内容，以及客户购物和制订计划的过程。他们试图了解什么会使他们的服务更加吸引人。该团队并未创建任何网页，几乎没有写代码，也没有花一分钱做营销，但是他们让客户体验到了一种新的服务。通过这种人与人之间的低技术含量的互动交流，《烹饪之光》的团队成员延续了他们与客户从登录页面测试开始的对话。他们建立了一个不断学习的循环过程，从而在项目中持续取得进展。

Wizard of Oz 服务要求服务提供者与客户建立很多互动交流。这种服务使团队可以与客户互动并获取反馈，这就在企业及其客户或用户之间创造了意义重大的双向沟通。这种双向沟通使产品团队可以将所有精力用于开发最能为客户创造价值的产品特性。

接下来,《烹饪之光》的团队开始逐渐将这个每次修改一小部分的服务转变为自动化服务。为了实现这种过渡,团队成员继续在后台以人工运作的方式提供服务,当他们获得了一些证据,明确表明自动化服务需要登场时,他们会构建尽可能少的软件来满足需求。有时候,他们获得的证据是定性的:他们会和一些客户谈话,从客户的反馈中归纳出一种模式。有时候,尤其是在该服务不断发展的时候,他们获得的证据是定量的:他们可以通过系统指标看出哪些功能特点并不像团队预计的那样经常被用户使用,然后他们就可以设计应对方案。通过这样的方式每一次改进一个性能,该团队终于成功部署了这项服务。随着该团队逐次发布新的服务内容,团队成员能够感知市场的需求,并且用持续的更新来回应这种需求。

产品团队能够不断地测试并改进自己的想法,而管理团队也起到了非常重要的作用:管理团队为产品团队提供了这种试错的环境,使产品团队能够不断尝试。具体地说,管理团队使用了如下策略。

- 允许团队犯错——只要这些错误相对而言并不是很严重,而且团队可以从错误中学习。

- 在明确规定的限制范围内提供自由，让这些团队可以自主做出决定，以免他们把时间浪费在等待管理层回复上。
- 重视客户行为，并把客户行为作为衡量项目进展的重要指标，不要把重点放在团队推出的产品特性的总数量上。

这是企业持续感知市场需求的一个很好的例子。重视学习的企业会给团队提供许多待解决的问题，明确规定团队自主运作的限制范围，并且告诉他们什么是衡量成功的标准。随后，团队会找到解决这些问题的最好的方式。他们会逐个解决这些问题，并通过管理层设定的衡量成功的标准观察项目的进展。

## 定义愿景与成功

说起这种企业运作方式，人们常常会提到一个关于愿景与战略的问题。当人们看到团队以这种方式运作时，他们很容易错误地得出结论，认为团队成员并不确定下一步会发生什么，这些成员没有计划或愿景。更糟糕的是，他们以为这些团队成员只是基于数据不断优化服务，并没有一个统一的主题可以引导团队的工作。

这并不是感知与响应模式的特点。正好相反，感知与响应模式是一种不断追求愿景的方式，采用这种模式的公司通过持续与市场进行双向沟通来收集证据，最终做出决策。这种方式与目标（而不是详细周密的计划）保持一致，协调团队的活动。事实上，愿景越强烈，企业越容易使用感知与响应模式。

《烹饪之光》团队的故事只是关于这种模式的一个小例子。这一切都开始于一个简单的想法——"为喜爱我们食谱的人推出一种健康饮食服务，从而为我们的品牌创造收入。"该团队一直追求这个愿景，所以才能推出一项成功的服务。

## ➢ 价值是由用户、客户和市场决定的

如果你看到了这个团队的声明，那么你就会发现，该团队更在意的是这项服务能为企业带来什么。可是，这项服务又能为客户创造什么样的价值呢？《烹饪之光》的团队知道，要想成功就必须了解客户的价值观念，然后调整工作方向，努力实现客户想要的价值。随着团队成员不断进步并且了解了越来越多的内容，他们通过了另一版愿景声明，从客户的视角表达了看法："我需要简单、好吃、能够改善我的健康状况的食品。"

这两版愿景声明成了该团队的两个参考标准。团队正在开发的产品特性能否解决客户面临的问题？团队的这种做法能否给企业带来价值？

> **"完成"的新定义**

用工业时代的思维模式来看,"成功"就是发布一款产品。如果企业在预算内准时发布了产品,那就算是最大的成功了。因为在工业化时代,产品与其用途之间的联系通常是显而易见的。1/4英寸[①]的钻孔机可以打出1/4英寸的洞。在人们熟悉的传统产品领域中,你可以非常合理地认为,如果你能制造出有效的、满足需求且价格合理的东西,你就能成功。

但是,随着产品变得越来越复杂,以及客户的期望值不断升高,我们对服务的不确定性也在增加。像以前一样简单地制造出一种产品已经远远不够了,因为目标与实际用途之间的联系越来越不明显了。脸书的用途是什么呢?人们将如何利用他们在智能手机上拍摄的视频?如果人们在手机上安装了减肥服务,他们会如何使用这项功能?在信息化时代,环境时时刻刻都在发生变化,我们很难凭借传统的理念来理解市场。那么,我们怎么知道自己要制造什么呢?我们如何知道客户是否会对我们生产的产品感兴趣?在信息化时代,理解价值的最好方式就是让客户告诉我们,他们认为有价值的产品是什么。换句话说,价值不是由生产者决定的,而是由客户决定的。

---

① 1英寸=2.54厘米。——编者注

所以，制作一件产品或创造某种产出并不是我们的目标。确切地说，成功是指我们实现某种效果并帮助客户实现他们寻求的效果的程度。让人们更方便地与家人朋友联系或更容易地在超市里找到健康的食品——这些效果都能为客户创造价值，而且如果处理得当，它们也会反过来为企业创造价值。这是对已经"完成"的产品或服务的新定义。这是一个不断发展的目标。如今，人们不断学习并实时做出反应，在这样的社会中，我们总能不断改进。基于我们对进一步投资能够带来多少积极变化的看法，我们总是主动改变。虽然我们一直在用"完成"这个词，但是这个词已经变得没有意义了，因为软件的本质就是不断发展、变化的。对采用了感知与响应模式的企业来说，"完成"只意味着企业目前实现了用户体验最大化，或者决定将首要任务转向实现其他的产品效果。

## 一个警示故事：没有感知的产品制造

亚马逊 2014 年的 Fire Phone 手机就是一个经典的反面案例。奇怪的是，这家公司频繁使用并且改进了我们提到的感知与响应模式——我们还在第一章因为这个称赞了这家公司。

由于人们越来越频繁地使用手机，所以亚马逊从 2010 年就开始为开发 Fire Phone 而努力了。当时,iPhone 4 刚惊艳登场。手机逐渐成为人们登录亚马逊的重要方式,而亚马逊想拥有比苹果公司允许的更大的对手机商店的控制权。关于其他公司在其 iOS 系统中能做什么、不能做什么,苹果公司有自己的规则,其中包括严格的商业规定。一条规定显示,苹果公司可以获得每个应用程序内的销售额的 30%。[2](你无法在 iOS 系统的 Kindle 应用程序内购买书籍的原因就是,亚马逊并不想将每次交易额的 30% 支付给苹果公司。)所以,亚马逊创立了 Fire Phone 手机计划来解决一个商业问题:它想要完全控制用户在手机上访问的商店。

但是,这么做能为客户创造什么价值呢?亚马逊一直在努力寻找这个问题的答案,但它并没有找到,部分原因在于该产品的保密文化。亚马逊的 CEO(首席执行官)杰夫·贝佐斯对酷炫的手机功能有许多想法。然而,酷炫和价值是有区别的。在很长一段时间里,贝佐斯总是很强硬地主导 Fire Phone 手机的设计与开发,而且很多公开发表的文章显示,贝佐斯的团队对他的方式表达了质疑,但是他并不理睬这些反馈。[3] 亚马逊没有与市场沟通,贝佐斯只是一个人在唱独角戏。他坚持认为 Fire Phone 手机应该拥有一系列酷炫的功能,比如动态视角功能,这是一种 3D(三维)显示技术,人们不需要佩戴特殊的眼镜，而且可以从各种角度看到 3D 显示效果，但是这种功能对用户来说几乎没有价值。贝佐斯本以为酷炫的硬件功能会让 Fire Phone 比 iPhone 更受用户欢迎。可是，他没有与目标消费群体进行持续的双向沟通来引导产品功能的开发过程，这么大的项目只能依靠他的个人猜测来推进。

事实证明他猜错了。4 年之后，在 2014 年 7 月，亚马逊开始在美国销售 Fire Phone。才过了几天，人们就可以明显看出消费者对该产品并不认可——消费者对产品设计、产品的生态系统以及贝佐斯强势推出的充满噱头的功能并不感兴趣。Fire Phone 最初的单价是 199 美元，亚马逊旨在让其直接与苹果公司的 iPhone 竞争，但是消费者并没有发现 Fire Phone 的价值。相反，消费者们很明白这种产品意味着什么——这种产品只是多了一个能够轻松登录亚马逊商店的方法而已，这对亚马逊来说是有直接益处的事情，但对消费者来说并没有很显著的好处。

后来，亚马逊花了 1.7 亿美元来填补未销售的手机库存造成的损失。2015 年末，Fire Phone 以惨败告终。在这之前，Fire Phone 的价格已经降到了 99 美分。Fire Phone 的幕后故事揭示了贝佐斯在从上到下的决策过程中表现出的傲慢。[4] 尽管亚马逊的团队成员曾经尝试过反驳贝佐斯的观点，但他们最终还是选择了听从老板的决策。毕竟，这位老板之前已经做过了很多正确的决策,为什么不相信他这一次还是对的呢?

如果贝佐斯能够倾听消费者的心声,那么这个项目可能不会那么糟糕。如果曾经的贝佐斯能够把自己的一些决策当作需要测试的假设和需要回答的问题,而不是当作需要下属盲目听从的直觉,那么事情也许就会大不一样了。

## 制订完美的计划与制订学习型计划

在 Fire Phone 的故事中,贝佐斯这种从上到下、拒绝进行修改的计划方式实在是太常见了,它已经成了大公司的规范。很多时候,这种计划方式都是通过一个叫作"特性路线图"的文件体现的。这是一份引人注目的文件。它明确指出了我们现在所处的位置,我们未来前进的方向,以及我们要创造什么样的产品才能从现在的位置走到我们希望到达的终点。它会给人一种"公司正朝着良好的方向发展"的感觉,并且是一种能够激励团队、经理、高管、外部合伙人和其他利益相关者的工具。它提前为我们将要开发的产品功能设定了研发完成时间。

它其实也是完全捏造的。

想象一下,如果《烹饪之光》团队的产品经理从一开始就把精力投入特性路线图中,那么这个经理就会针对某一特定的产品特性进行设计，并按照特定的定价策略和交付日期安排工作。接着，在进行试验并与客户对话沟通之后，产品经理不得不调整原先的路线图，那么她就得找到公司股东请求批准，而股东在每次批准之后都会降低对产品经理的信任程度。在产品经理请求股东批准她对产品计划的改动的时候，整个团队的成员也都在等待股东的回复，这会降低整个团队的生产效率，并将最终导致团队学习出现问题。

企业的另一种选择是制订较为宽松的时间安排，然后随着学习的深入调整计划（更多详细内容请参见第五章）。《烹饪之光》团队列了一些清单，利用这些清单推动项目发展。第一个清单提出了许多问题、假设和风险。随着团队成员不断学习，他们会逐项完成清单上的内容：回答问题，降低风险，并在清单中加入新的问题。第二个清单列举了所有可能实现的产品特性。这些产品特性是该产品团队和股东认为可能需要创造的功能，但是他们并没有证据能证明消费者对这些功能有实际需求。该团队每周都会总结一周内收到的来自用户和系统指标的反馈。他们会将这些反馈与之前列好的产品功能清单进行对比，然后决定下一周的工作重点。

> **检验假设**

对商学院毕业生、经过认证的项目经理及产品负责人来说，他们接受的教育总是告诉他们，团队需要指令才能更有效地执行任务。所以，团队总是制订非常详细的计划——他们用商业术语详细描述具体的要求——然后估计完成该计划所需的工作量。他们把这些内容报告给项目经理，随后，项目经理会把这些内容转化成各种商业模式、资源分配计划和资金计划，再将这些模式和计划分享给所有高管。如果一家公司是上市公司，那么该公司的这些计划还要在整个股票市场中公开。在公司最终确定并公布了这些详细的计划之后，所有人都准备好了推进这个计划。

你是否觉得这个过程听起来耳熟？这很正常。绝大多数公司都按照这个方法制订财年工作计划，做出项目资金决策，以及设定项目完成日期。但令人惊讶的是，我们一直在使用的这个方法居然是错误的。

为什么？因为这些计划是以假设和猜测为基础的。

如果我们足够幸运，那么我们的猜测会有一些依据作为基础，这类依据一般包括专业领域的知识、多年的行业数据和公司业绩数据、对客户的深入了解以及对竞争对手动向的把握。最倒霉的情况就像亚马逊的 Fire Phone 案例一样，整个公司执行的计划以一个人（通常是该公司收入最高的人）的猜测为基础。这种方式也许适用于历史悠久、不确定性非常低的行业，但软件应用的普及增加了客户期望的变化速度，降低了新竞争对手的市场准入门槛，并且颠覆了所有的行业。在这样的背景下，不确定性达到了前所未有的高度，如果企业采用这种基于假设和猜测制订的计划，那么它面临的风险将会非常大。

> **构建假设**

每个项目都是从假设开始的，这个事实无法避免。我们假设自己了解客户（也了解我们未来的客户会是谁）；我们假设自己了解竞争对手的行为，也了解行业的发展方向；我们假设自己能够预测市场的稳定性。这些假设都以我们预测未来的能力为基础，但是，预测能力并不是人类的核心特征。

如果我们承认自己做事总是从假设开始，那么真正的问题则是，我们如何应对假设错误的风险？我们需要鉴定我们的假设：在我们自以为了解的内容中，有多少是事实，有多少只是我们的猜想？

另一个问题是，我们如何学习我们需要学习的内容？精益创业的倡导者建议我们使用科学的方法来检验我们的假设，也就是说，将我们的假设表达为可检验的假说，然后通过一系列的试验来找到真相。

让我们以 Fire Phone 为例。如果你准备对这个项目做出一系列假设，并且用假说的形式来表达这些假设，那么这个假说的表述应该大致如下。

> 我们认为，如果客户选用亚马逊品牌专用的手机来获取我们的产品与服务，而不是使用 iPhone 或其他 iOS 设备，那么我们就能够获得一大批手机用户，并且使销售额大幅增加。

用这种方式来看待这个命题，我们就能从这一想法中发现风险。我们的假设是，如果客户选择使用亚马逊的手机而不用 iPhone，那么我们会赚到更多的钱。这看起来像是一个可靠的假设，甚至很像是一种关于事实的陈述：如果消费者使用了 Fire Phone，那么亚马逊就不用将手机商店里的销售额分一部分给苹果公司。然而，假设的另一部分才是更伤脑筋的。这部分假设是，客户会弃用 iPhone 而选用亚马逊的 Fire Phone，而该假设并没有说明客户会这么做的原因。所以，我们还需要给出另一个假设。

我们认为客户会弃用 iPhone 而选择使用 Fire Phone，因为客户会觉得我们的动态视角 3D 显示技术更有价值。

从这个角度来看，风险是显而易见的。

假说就是我们思想的一面镜子。各项假设在假说中的排列方式会使我们质疑自己最初的想法。在通常情况下，我们会从最宏观的问题开始，不断深究各种细节。一般来说，你会从下列问题开始思考。

- 这个商业问题是否存在？
- 客户需求是否存在？
- 我们如何知道产品特性或服务能否满足客户的需求？

当你和团队成员一起坐下来商讨下一步的项目计划时，你可以询问他们如下问题。

- 我们首先需要学习的最重要的一件或多件事是什么？
- 最快、最有效的学习方式是什么？

在你回答完这些问题之后，你可以转向下一组问题，并根据问题的答案进行投资。

## 感知市场并使用大数据

《烹饪之光》的故事告诉我们，一个单独的小团队可以采用感知与响应模式创造出新产品。然而，一家大型公司在现有业务的基础上也能这样进行创新吗？

加拿大轮胎公司（Canadian Tire）是一个有着百年历史、市值130亿加元的企业集团，它旗下有许多五金商店、运动用品商店以及汽车用品商店，是加拿大的一家标志性企业。它也是大数据方面的先驱，利用自己从客户行为和产品交易中收集到的数据持续改善自己的业务。

多年来，加拿大轮胎公司一直在运营着一个用户忠诚计划，叫作"CT钱币"。加拿大轮胎公司从1961年就开始使用这种纸质"货币"，这种货币曾经是加拿大文化中深受人们欢迎的主流产品。它曾一度被人们用作物物交易中的货币。如今，这种货币已被人们使用了50多年，它已经成了一种历史文化习惯，企业很难对其进行改变。加拿大轮胎公司认识到，如果把CT钱币数字化，那么它很有可能会面临失去忠实客户和损害品牌的风险。但是，加拿大轮胎公司也知道，如果将这种货币数字化，那么它将更有机会了解客户的行为。所以在过去的几年里，加拿大轮胎公司开始计划转型。[5]对公司来说，转向数字化的好处非常明显；但对客户而言，这一转变的好处就没那么明显了。

加拿大轮胎公司当时的设想是，通过温和地向手机应用程序和借记卡过渡，它可以逐渐引导客户放弃使用纸币，并找到新的方式为客户创造价值。为了降低转型失败的风险，加拿大轮胎公司只在其位于新斯科舍省的商店里推行了基于应用程序的CT钱币。客户慢慢转向了电子版的CT钱币，而加拿大轮胎公司则通过观察数据和与客户沟通来持续监控这一转变。事实表明，客户很容易就接受了新版本的CT钱币。很多客户已经在他们的手机上安装了加拿大轮胎公司的应用程序（CT钱币已经成了该应用程序的一部分），他们也已经习惯了电子支付的方式。

有时候，我们原以为很大的问题其实根本微不足道。企业内部很重视的问题——在本案例中，企业内部就非常注重传统的纸质版CT钱币——在企业外部的人们看来并非如此。与直接在全国各地推出这次转型相比，加拿大轮胎公司先选取了一个地方作为转型计划的试点，这就把风险控制在了企业能够承受的范围内。

事实证明，加拿大轮胎公司的这次数字化转型是非常值得的，因为这次转型有助于该公司和客户进行沟通，了解他们购买了哪些产品，以及明确它能做些什么来改善客户服务。

当客户开始使用电子版CT钱币时，新数据开始大规模地涌入加拿大轮胎公司的系统。该公司通过这些数据，做出了不少改进。比如，该公司在新斯科舍省的门店里通过不同的方式来调整季节性商品的摆放。数字化转型使该公司拥有了感知客户反馈的能力，它了解到，客户一直想一次性找到季节性草坪护理工作所需的所有商品，可是商品的陈列与摆放方式使他们很难找全所有的相关商品。原先，加拿大轮胎公司的门店按照产品种类摆放商品（比如将带有电动工具的割草机放在一起），而不是将功能相关的商品摆放在一起（比如将"草坪护理工作"的相关商品摆放在一起）。这使客户不得不来回经过多个过道寻找他们所需的商品，而且经常无法找全他们所需的商品。

作为回应，加拿大轮胎公司将完成某一特定任务所需的商品都摆放在了一起，使客户更容易在一个过道中找到他们需要的所有商品。随后，该公司又观察了数据，数据显示这项新计划奏效了。该计划改善了门店的客户体验，增加了新斯科舍省门店的销售额。

自从在新斯科舍省的门店转型成功后，该公司开始更广泛地推行电子货币。本案例值得关注的是，加拿大轮胎公司的感知能力得益于数字化软件，但是该公司在做出响应时，使用的是传统零售商店的策略。感知与响应模式并不局限于数字领域，只是数字化发展使感知与响应模式成了可能。

## 感知与响应模式也是一种文化

到目前为止，我们一直把感知与响应模式当作一个过程来解读，但我们其实也可以通过文化维度来解读这个模式。

回想一下我们在前面谈到的不确定性。在面对不确定性时，感知与响应模式是非常有效的，因为该模式能够积极地拥抱不确定性。最开始的时候，我们并没有所有我们需要的信息，也不确定自己的计划能否奏效。换句话说，最开始的时候，企业都是比较谦逊的，这种品质在商业世界中一般是很少见的。

《烹饪之光》的项目团队结构也值得思考。这是一个很小的团队，只包括一些设计师、一些软件开发人员、一个产品经理、一个编辑、一个营养师，还有一些其他偶尔参与的专家。这些人每天都在一起工作，制订并调整计划，解读数据，与客户不断沟通，并探讨这项服务未来的发展方向。整个工作流程需要他们开展深入的合作，而且他们采用了结构化的对话形式，这使得团队成员的不同看法变成了一种优势。这种团队设置能够确保团队快速行动，并通过不同的专业知识提高团队解决处理不同问题的能力。

在这样的团队里，没有牛仔、忍者、摇滚明星或宗教领袖的容身之地（独行侠并没有什么合作精神）。那些只在乎自己想法的人是很难与这样的团队合作的。这样的团队想要倾听顾客的心声，收集证据，然后找到最棒的想法，不管这种想法的来源是什么。牛仔、忍者、摇滚明星或宗教领袖的个性不适合这样一个不断感知市场、感知变化的团队。

## 管理者的作用

团队精神建设首先应该从管理层做起。管理者必须确定发展方向，并就这个发展方向与团队进行交流，然后让团队去收集信息、学习并采取行动。我们从管理层支持了《烹饪之光》项目的案例中就能看出这种领导方式的优点。这些管理者意识到了商业问题，他们派一个团队解决这个问题，为该团队设定了关于收入和战略的可衡量的成功目标，定义了该团队行使自主权的范围，在这之后便不再干涉该团队的工作。作为回应，该团队会保持与管理者的联系，不断地向管理者汇报最新得到的信息。该团队也会将收集到的证据交给管理者，这些证据会告诉他们哪些想法颇有成效，哪一部分值得（或不值得）进行更多投资，项目的最新进展如何，以及哪一部分的期望值需要调整。管理者也会对此做出回应。这种不间断的沟通循环给了《烹饪之光》团队自由的空间，使他们能够不断地寻找最好的解决办法。

《烹饪之光》团队将其服务从最初面向12个顾客提供的人工服务，发展到了年运营收益达到100万美元（还在不断增长）的全自动健康饮食服务。他们实现这一成果只用了18个月的时间。该团队为这项服务添加的各种功能特点并不是通过需求文件预先确定的，也不是由管理者规定的。确切地说，这项服务一开始只是一个愿景，它能够成为现实，靠的是一个团队不断感知市场的需求，并不断向客户交付有价值的产品功能作为对客户的回应。

皮克斯公司的CEO艾德·卡特姆在其《创新公司》一书中完美地总结了感知与响应方法。

我认为，最好的管理者会承认自己不是无所不知的。他们会为自己不熟悉的内容留出空间——这不仅是因为谦虚是一种美德，更是因为如果没有一个态度谦虚的管理者，那么企业就不可能实现任何惊人的突破。我认为管理者应当放松管制，而不是加强管制。他们必须接受风险的存在；他们必须相信与他们一同工作的同事，并努力为他们清扫道路；他们还必须经常关注那些可能造成团队恐惧的因素。此外，成功的领导者必须勇敢地接受一个事实：他们采用的模式可能是错误的或不完整的。我们只有承认自己不是无所不知的，才能学到我们不知道的东西。[6]

我们会在第二部分讲述更多关于文化和团队结构的内容，但重要的是要认识到，与目前绝大多数大型公司的做事方式相比，采用这种方式管理企业是一种很大的改变。

## 汇总所有信息

如果我们能汇总所有的信息，那会是什么样子呢？有一个关于感知与响应循环过程的案例，讲述了 Forward 3D 公司如何通过感知与响应模式开创了一项新业务。[7]

Forward 3D 是一家搜索营销公司，它根据用户在搜索引擎中输入的特定关键词为其提供广告。这就意味着，这家公司需要对用户在互联网上搜索的内容数据进行收集和分析。管理者认为，他们可以利用这些数据来帮助客户做更多的事情，而不仅仅是为客户开展互联网营销活动；管理者认为，他们可以帮助客户寻找新的商机。

于是，这个团队决定先做一个试验。根据他们收集到的关于用户搜索内容的数据，该团队发现，许多人都在搜索"宠物用品"，但是并没有很多企业在互联网上推送"宠物用品"的广告。当该团队成员继续深入研究这个问题时，他们发现很多人喜欢搜索"鹦鹉笼"，但互联网上很少有企业能提供这方面的内容。

该团队成员决定对这个问题进行进一步调查。利用互联网上的任何一个企业都能获取的基本服务，该团队在网上创建了一个测试页面，用于销售鹦鹉笼。这是一次登录页面测试，与之前提到的《烹饪之光》团队所采用的策略很相似。Forward 3D 的页面实际上并不支持用户直接购买鹦鹉笼；它只是在用户表示出购买的兴趣后，帮助他们与该公司进行双向沟通而已。用户的购买兴趣显而易见。基于这些测试结果，该团队开始通过之前为此设置的 JustCages.com 域名真正地销售鹦鹉笼。

该团队进行的都是最简单的操作。他们通过承销批发商来完成订单，以避免承担库存积压的财务风险。这项业务很快就为该公司带来了利润。该团队又对此做出了回应，这一次，他们提高了网站的复杂程度。最后，随着该团队对这项业务的信心不断增加，他们开始把越来越多的操作（与风险）转移到了自己的公司，包括在仓库中放置库存商品。

总经理马丁·麦克纳尔蒂说道："我们绝不会在第一天就建立一个非常精美的网站。我们真正做的事情是先弄清楚客户的需求。"[8] 换句话说，该团队首先要检验风险最大的那个假设——客户对这项业务有需求——再继续研究怎么做才能经营好这项业务。在这个过程中，团队成员总是先用投入最小、投资金额最低的解决方法进行试验。换句话说，他们与目标客户共同建立起了不间断的感知与响应循环。每当他们在这个过程中学到了新内容，他们就会立即做出响应，充分利用这次学习机会。如今，Forward 3D 早已成了最大的宠物笼网上零售商之一。

---

### 感知与响应模式带给组织的启示

√ "感知与响应"实际上就是独立自主的小型团队为

了追求一个愿景或战略而不断试验、不断学习的过程。
- √ 团队可以通过制订比较宽松的时间安排和进行小型试验的方式达到不断学习、不断进步的目的，并且可以在学习的过程中不断验证自己的假设是否正确。
- √ 团队的重点是通过企业与市场的双向沟通，不断发现价值的存在。
- √ 为价值下定义时，企业必须做到以顾客为中心。
- √ 感知与响应的方法不仅适用于创业团队，也适用于大型企业。
- √ 团队会利用他们找到的所有数据，既包括定性数据，也包括定量数据。
- √ 这种方法最适用于多功能的小型团队。
- √ 感知与响应不仅是一个过程，而且是一种文化。它要求团队成员和所有管理者保持谦虚的态度。

# 第三章
# 变革的阻力

当我们写第一本书《精益设计》时，我们的目的是给当代的实践者——设计师、开发人员、产品经理和其他所有组成数字化团队的成员——展示一种有效利用数字技术的方法。《精益设计》这本书展开介绍的方法被很多有数字化技术工作经验的人所认可。但是，这种方法也会受到批评，而实施这种方法的过程也会遇到阻碍。

我们得到的关于这本书的最有意义的反馈是这样的："我们很喜欢这个方法，但是它在我们公司行不通。"随着我们进一步调查其原因，我们慢慢了解了这个问题为何如此突出：绝大多数公司的创立并不是为了利用科技不断学习。2015年，《哈佛商业评论》做过一项关于数字领导力的研究，该研究发现，许多管理者都意识到了数字技术给他们带来的挑战：它可能会破坏他们的公司，他们需要做出有效的回应。[1]许多管理者甚至很清楚下一步该怎么走。但是，绝大多数管理者在扭转公司颓势的过程中面临着许多挑战。我们很难改变过去采用的方式：年度财务预算、长期战略规划、基于纪律的部门，以及基于生产配额的激励机制。

但是，克服这些障碍也不是不可能的事情。企业正在解决这些问题，也正在做出改变。接下来，我们将介绍一些人们在有效地建立不断学习的企业的过程中可能遇到的主要困难，并给出一些克服了困难的企业的例子。

## 打破史蒂夫·乔布斯的神话

说起不确定性、谦虚的态度和市场反馈，你一定会第一个想到史蒂夫·乔布斯的传奇故事。人们通常会把苹果公司的团队（尤其是史蒂夫·乔布斯）深思熟虑地开发产品的过程当作一个典型案例。在这个案例中，有远见的领导、意志力，以及注重细节的计划和对完美的不懈追求，能够决定市场的品位。你可能会问："前文谈到要先做试验，那么在苹果公司的例子中，哪有试验呢？谦虚的态度又体现在哪呢？"

从某种程度上来说,我们不得不承认乔布斯是个天才。同时,值得注意的一点是,很少有领导者拥有与乔布斯一样的品质——尽管他们自己持相反意见。然而,对那些认为自己拥有乔布斯那样的洞察力的人来说,没有什么能阻止他们向乔布斯学习。

在深入研究后,我们会发现,乔布斯天才神话背后的故事远比我们看到的复杂。确实,苹果公司推出了许多具有跨时代意义的成功商品;但是,它的成功在极大程度上是指一个人与一台机器交互完成一件事情。苹果公司在软件方面(大家还记得它开发的 MobileMe 吗)和社交网络方面(Ping)的失败说明,它在某些领域使用的开发过程无法帮助它在更为复杂的软件服务领域取得成功。曾经以简易实用的功能特点出名的 iTunes 音乐播放管理器现在也落入俗套,成了苹果公司的一款膨胀软件[①]。

苹果公司的传统生产过程中充满了试验,只不过它进行的是秘密试验。在苹果公司推出第一款 iPhone 之前,有关该公司一直在研发一款手机的传言已经流传了好几年。设计印刷机

---

[①] 膨胀软件又称肥胖软件,是指被预装在手机中的那些一般人根本用不到的花哨功能软件;这些软件占用了很多的存储空间,导致手机没有空间来安装人们真正想用的软件。——译者注

上摆满了早期苹果原型机的图片。虽然原型机的功能很强大，但它的作用有限。原型机无法告诉你，当数以千计的人同时使用你的软件时会发生什么；原型机也无法帮你发现并且捕捉突如其来的行为产生的价值。正如 Fire Phone 的例子那样，封闭式行动能反映出来的内容也就只有这些。在某种程度上，这些想法还是应该接受市场公开的测试。

但是，苹果公司确实向我们展示了愿景的力量，并教会了我们如何利用愿景和企业文化使企业内部上下一心。一位曾经于 20 世纪 90 年代在苹果的合伙公司工作的经理告诉我们一个故事，讲述了他如何与苹果的团队合作开发了一款捆绑产品。苹果一直想找这家公司合作，因为苹果想把这家公司的某个产品和自己的产品捆绑销售。但是合作一开始，苹果的经理们就要求对合伙公司的产品进行改动。更具体地说，苹果的经理们对该产品所需的安装过程持反对意见。"这个产品必须独具匠心。"一位苹果公司的经理这么说。他表达了苹果公司赋予用户体验的文化价值。"如果这不是一个创新的产品，"他说，"那么我们宁愿不推出这个产品。"

这就是企业内部上下一心的力量。这是企业中的每个人都知道的文化价值观，也是指导企业决策的文化价值观。这种对质量、设计、创新式体验的不懈追求不仅是乔布斯一人坚持的价值观，也是乔布斯促使整个企业坚持的一种价值观。

## 报酬和奖励机制

也许企业面临的最有挑战性、最难处理的问题就是报酬和奖励机制。员工（最重要的是中层管理者）只会做老板支付给他们薪水并要求他们做的事情。如果公司的奖励和升职机制看重的是员工能否按时在预算内交付产品，那么公司的团队就会不断优化交付的过程。如果你的销售人员许诺消费者，你们的产品会有某些特性，并且他们将这些承诺写进了销售合同，那么你的团队即使不断地学习市场反馈，也很难改变产品的设计方向。

把工业时代的工厂模式用在由科技驱动的现代产品上就会导致这个结果，人们会因为制造出产品被奖励，而不是因为做了对的事情被奖励。之所以采用这个模式，是因为人们一直认为数字化产品和服务可以而且应该与流水线上的零件一样，在适当的时候被直接淘汰。我们完成一件事所用的时间越短、成本越低，我们就越成功。这种想法表现为管理者明确地告诉员工应该做什么。这仍是绝大多数公司采用的主要模式。

然而，如果团队设定的目标是改变消费者的行为习惯，而不是推出一系列产品功能，那么这样的团队最后会交出更令人满意的答卷。并非所有的中层管理者都能做到这一点，要采用这种模式，管理者必须彻底转变之前的信念。他们需要相信，这种模式可以帮助他们更快地实现目标，至少比他们迄今为止使用的传统方式的效率要高。

很明显，企业的奖励措施并不是团队本身能改变的，这是上层管理者的责任。作为一个上层管理者，当你规划下一步行动时，你应当先问自己如下几个问题。

- 如果我们按时在预算内发布了一系列新功能，我们怎么知道这些新功能能否获得成功呢？
- 我们可否通过业务效果和客户满意度来判断新举措的成功程度？
- 我如何让团队更好地利用他们每天从市场中收集到的源源不断的信息，然后与市场建立起双向沟通？
- 在他们利用这些信息选择了该做哪些事、不该做哪些事之后，我该如何奖励他们呢？

我们会在第五章谈到"以结果为导向的规划"时，再详细探讨这些问题。

## 遵守法规和法律要求

如果你从事的是严格受到法规监督的行业，那么在你的行业中，不断接受市场反馈并不断进行改动的想法应该是天方夜谭了。这些行业中的组织时常受限，为了符合法律要求，在向公众推出产品和服务之前，它们必须遵守各项明确规定，包括接受监管审查、获得批准等。科技或许能加快我们收集、整合数据的速度，但它在面对官僚主义时也无能为力。

不过，我们可以改变自己对合规的态度。我们曾经与金融服务行业的一位 CRO（首席风险官）合作过，他说，他的员工曾经亮出了一系列"红灯"，阻碍了产品团队的进展。面对市场与企业之间持续的双向沟通和竞争对手带来的威胁，他的目标是弄清楚如何在产品团队中重新分配他的员工，让他们在产品开发的过程中亮出"绿灯"，只在极为重要的问题发生时才亮"红灯"。

私营企业会用各种各样的方式处理这个问题。许多企业会组建小型创新与发现团队，以一种安全的方式探索新思路。这些企业只在安全的范围内小规模地测试团队的想法，这种方法被称为沙盘测试，我们会在第七章详细解释这种方法。此外，大企业则经常与监管者和立法者合作，向他们解释企业的意向，希望可以为企业未来想做的事情扫清障碍。比如，2015年，纽约市出租车和豪华轿车委员会提议制定规则，要求优步、来福车（Lyft）和其他打车公司在每次修改用户界面的时候都要将其应用程序提交给委员会批准。这些企业以及整个科技行业的管理者共同向监管者当面解释了如今的软件团队是如何运作的，并向他们阐释了为何这样的监管法规对企业来说非常烦琐。最后，监管者们撤回了这项提议。[2]

国有企业也会经常面临这些挑战，但同样，与监管者合作，解读规则并阐明适用的界限可以帮助企业解决这些问题。美国某一政府机构的管理者告诉我们，他正在努力澄清关于所谓的"隐私影响评估"的规则，这是一种经常会阻碍企业快速迭代的风险评估过程。现在，越来越多的团队正在采用感知与响应模式，我们希望他们的努力也能促进监管体系的改变。

## 严苛的安全要求

在某些情况下，严苛的安全要求使我们无法频繁通过实时试验从市场中获取最新的信息。比如，你肯定不会想通过A/B测试法来检测大型喷气机的软件控制功能。所以毫不意外的是，A/B测试法并不适用于所有的情况。许多成熟行业开发出的系统有非常高的安全系数，而且在做好安全措施的前提下，它们控制测试的方法也已经非常成熟。这些行业往往具有很典型的工程师文化和传统，而且这些行业构建的系统通常具有很强的可预测性。如果你因此觉得这样的行业不能采用感知与响应模式，那你就大错特错了。据我们预测，即使是在最传统、安全要求最高的行业中，未来也会有越来越多的人同时使用感知与响应模式和传统模式。

比如，空中客车集团（后文简称空客）已经开始尝试使用创新实验室来快速拓展思路、测试想法了。[3]例如，空客开设在法国图卢兹的第一个实验室完成了一个项目，该项目可以用一种创新的方式确保停靠飞机的安全。目前，这方面的工作仍然需要大量劳动力，而且每当飞机由于维修原因停止服务或者被要求延长在陆地停留的时间时，人们都需要对其进行安全保障工作。这个实验室团队通过一系列放置在飞机敏感区域中的传感器实现了安全保障工作的自动化；机场工作人员会实时监控传感器的变化。通过将学习过程划分成不同的阶段，空客将当前企业运行过程中的风险最小化了。这些实验室降低了团队每个想法获得的投资数额，使企业可以在不影响其他业务的情况下同步试验这些想法。企业不需要中断现有的业务，也不需要处理额外的安全风险。一旦某个想法被证明是有价值的，空客就可以将它产品化，或者将其整合到更大规模的制造过程中。

通用电气公司（GE）已经开启了一个名为"数字孪生"的项目，该项目可以创建硬件产品的数字模拟。例如，一台喷射发动机可能会有一个"虚拟的双胞胎兄弟"，这个"虚拟兄弟"完全在软件里运行。这使得通用电气公司可以实时监控某一台特定发动机的情况，也可以在数字世界中测试新的发动机功能和设置，而不需要在真实世界中承担安全风险。

## 大型企业的困难

在大型企业中，感知与响应模式很难获得管理层的批准。这往往是因为，任何改变对大型企业来说都是困难的。

通常，一个依赖关系很少的团队和一位开明的管理者可以采用上面提到的一些做法，而且随着时间的推移，团队的成功会证明这些做法是有效的。但是，如果这些做法被应用在需要多个团队合作完成的项目里，那么每个团队都不得不依赖于其他团队，并与其他团队交流协作，这可能使得该项目面临艰巨的挑战。

企业家培训师兼顾问戴维·J.布兰德在2014年曾与丰田的一个团队一起小规模地接受了这些挑战。布兰德与丰田这家具有传奇色彩的汽车制造商合作，帮助它测试车内的一些新设计，这些设计还没有准备好投入生产。在一个项目中，丰田想要看看，如果重新设计汽车使其更好地与汽油泵结合，那么客人加油会不会更加方便。

一般来说，丰田会为这个项目创建一支团队，然后计划接下来 12 个月的预算。这种项目的资金一般来自某些商业计划，这些计划能够预测项目需要的资金数额，也能预测这笔投资在未来不同时间范围内的投资回报率。

布兰德和他的团队对这种传统模式提出了质疑。他们在项目开始时只有非常有限的预算经费，而且只着重于构建拟议服务的粗略原型。他们将这些原型与基础网络软件和丰田提供的一些汽车仪表板的零件组合在了一起。随后，该团队又雇了许多 Craigslist（美国分类网站）和脸书的用户。该团队的成员向这些用户展示了他们的想法，让这些用户试用，并且很快从用户的反应中得知了产品的哪些部分对消费者来说是有价值的，哪些部分对消费者而言是没有价值的。丰田能够根据这种从双向沟通（在这个例子中，此处指的是面对面的双向沟通，而不是数字化的双向沟通）过程中得到的见解，决定今后是否要继续投资该项目。

由于这个小团队可以独立运作，所以在确定下一步具体计划之前,这个团队可以在感知与响应的循环过程中自由开发自己所需的产品。由于这个团队不用每天受到大型组织的官僚主义的影响,团队成员可以自由地按照自己的步调行动,不断了解自己的想法,并在学习的过程中不断改变行动的方向。

但在通常情况下,大型企业团队的依赖性比较高,很多团队经常需要等其他团队回复或等其他团队完成某一项工作才能继续推进。在这种情况下,工作计划的任何改变都需要各团队互相协调,独来独往的工作方式就行不通了。

利用感知与响应模式协调多个团队的工作是完全可行的。比如,在澳大利亚最大的银行西太平洋银行(Westpac)中,众多团队共同创建了一个以结果为导向的简单章程,以协调大型项目中多个团队的活动。他们精心设计了愿景宣言,既能指导多个团队的执行过程,也能保证每个团队都有试验和学习的自由。我们会在第五章更详细地介绍西太平洋银行和其他组织是如何做到这件事的。

## 来自政府的阻碍

我们已经意识到,想要采取感知与响应模式,团队要有自主性,能够自由行动,而且上级领导要允许试验失败。企业想要同时具备这些条件已经很难了，而最难同时具备这些条件的组织莫过于政府了。政府里可能有无数种阻碍：法律、法规和办事程序；政治、选举和预算；24小时不间断的新闻周期和公共责任。在政府机构里，能完成一件事就不容易了，但政府的使命是为人民服务——这也许是最能体现以客户为中心的使命了。那么，你能在政府中释放感知与响应模式的潜力，并建立起实时的双向沟通吗？

现在，政府新设了许多办公室，就是为了解决这个问题。我们可以很明显地看出，这些机构使用感知与响应模式的决心非常坚定。英国最近开发的 GDS（政府数字化服务）是这样描述它的感知与响应模式的："我们一直从用户的需求出发；我们反应敏捷；我们依照一整套设计原则来办事；我们相信将工作公开是对的，因为公开我们所做的事情会让这些事情变得更好。"[4] 在这方面，GDS 一直处于领先地位，它也成了美国（美国政府内部数字服务组织 18F 和美国数字服务部门）、澳大利亚（数字转型办公室）等国家的其他类似组织学习的楷模。

## 采购规则

政府面临的主要挑战之一就是采购。传统的采购规则要求政府必须在与供应商签订的合同里明确说明采购商品的特征和要开发的系统功能。这种规则旨在建立问责制并确保政府明智地使用纳税人的钱，但是这种方法经常失败，而且很多时候是惨败。然而，政府部门的官员经常对此束手无策。诺亚·库宁是 18F 的基础设施主管，2014 年，他在三条推文中描述了如下事实。[5]

- 为了给联邦政府创建一个无所不能的网站，你需要阅读 1 000 页以上的强制性政策。
- 如果你不得不花钱建立这个网站，那么你还要阅读另外 2 000 页的政策内容。想要在这个网站中储存数据？那么你需要再阅读 200 页。
- 如果你完成了上述流程并阅读了一些实施指南，那么你现在可能大概看了 3 500 页的内容。这就是官僚主义危机。

我们已经切身感受到了这种危机。一个来自美国的潜在政府客户找到了我们公司，想请我们帮忙开发一个新系统。该客户想要建立一个强大的交流平台，州政府和选民可以通过这个平台联系——这是一种现代的双向沟通系统。这是一次令人激动且极其难得的机会，当时从未有人创建过这样的系统。不用说都知道，我们非常想得到这个项目。

项目负责人向我们解释了他们预期的目标：他们想要通过用电子系统替代邮寄的方式来减少每年花在邮寄上的数百万美元。他们在来找我们的时候，已经准备好了一个长长的功能列表，要求我们在某个日期之前完成这些功能的开发。但是，随着沟通的不断深入，大家都能很明显地看出项目负责人的这些假设根本没有经过检验证实。于是，我们向项目负责人提议采用另一种不同的方法，该方法旨在检验假设，并根据邮费成本的降低（一个结果）而不是开发出的产品功能来衡量成功。

但是，这个提议并未被成功地实施：我们的客户被迫拒绝了这个提议。他们无法签订一个没有供应商承诺开发出某些特定产品功能的合同。这个项目的开支数额庞大，必须由美国司法部长批准预算才能实施。美国司法部长是通过选举产生的，当年刚好是选举年，在任的司法部长不愿意冒这个风险。司法部长担心自己在大选期间会被问及为何在供应商无法明确承诺按要求开发出政府想要的系统的前提下，同意授权使用纳税人的钱与该供应商签订合同开发系统。

为了改变这一现象，人们已经开始行动了。英国 GDS 最开始做的项目之一就是找到一种新的方式批准项目——换句话说，就是找到授权使用政府资金的新方式。GDS 已经意识到在投资开发系统之前测试假设（只能先假设而不是确定需求）的重要性，于是它花了 8 个月的时间开创了一种新的项目批准流程。在这种新的流程中，首先是发现阶段，随后是 Alpha(阿尔法) 测试阶段。GDS 是这么描述该流程的："我们在设计一项服务时，不可能预测所有未来会发生的事情。每个项目都有重重挑战，你会在 Alpha 测试阶段开始寻找这些挑战的解决办法。"[6]

美国的 18F 也在为改进采购规则而不断努力。从 2015 年末开始，18F 一直在试验吸引承包商和供应商的新方法，并在其博客上公布试验的结果。到 2016 年，18F 已经启动了这种新方法的试点项目，并且签署了两个政府机构的参与协议，这两个政府机构就是美国联邦调查局和美国财政部。[7]我们在这方面的努力才刚刚开始，但是很明显，我们的努力已经得到了认可，改变这种体系的工作已经开展了起来。

## 缺乏合适的人选

想要接受感知与响应这种工作方式，人们需要有一种特定的态度。能够在感知与响应工作环境中茁壮成长的人，都是好奇、谦虚且在面对不确定性时处之泰然的人。这些人热爱学习而且善于合作。他们想要得到别人对他们工作的反馈，如果有什么做错的地方，他们会想要弥补。并不是所有人都满足这些条件。

我们有一个客户是一家女性时装零售商。当时，对方与我们合作，想要为其数字产品构建一种更加基于证据的开发过程。经过了几天的训练，对方的团队在不断地学习关于感知与响应模式的材料，也在不断地进步。但是，当该团队需要去实地采访顾客的时候，一场小规模的叛变发生了。15位后台工程师以辞职作为威胁，声称如果企业迫使他们离开办公室去和顾客谈话，那么他们就会辞职。这些人通常在后台工作，他们与现实顾客的距离是最远的。

你可以想象到，我们在面对这样的转折时有多么惊讶。当时，我们刚刚开始为客户培训，就面临着这个项目在开始之前就失败的可能性。我们把客户叫到一边谈话，将这个事件作为培训客户的素材。

最后，我们以中间人的身份成功和后台工程师达成了一致：工程师仍然要去实地考察，但他们只是记录员，不需要真正与顾客谈话交流。

这件事也使我们受益匪浅。通过感知与响应方式创建双向对话，可以产生当前还不存在的反馈循环。这种变化可能会让你的团队成员感到不适应。如果你决定采用这种工作方式，那么你就应该预料到，这会与某些同事的工作方式背道而驰。学会接受这件事，能够帮助你的组织更快地建立起合适的工作环境。而且，企业越早建立这样的工作环境，就越能吸引更多志同道合的人才加入。

那些成功运用感知与响应模式的公司想要寻找的就是认可这种工作方式的人。他们想要雇用的是探索者、研究者和解决问题的人，这些人总是不满足于现状。吸引这些人的往往是已经实践了这种工作方式的环境，这可能会形成一种无法摆脱的困境：没有合适的工作环境，你就招聘不到合适的人；而没有合适的人，你又无法建立合适的工作环境。好消息是，现在你的员工中可能有人想要采用这种工作方式，但他们一直没有机会。你应该找到他们，并为他们提供他们一直在寻求的挑战。

## 品牌保护

一个强有力的品牌总是传达着它不变的承诺。如果你的品牌已经创立了一段时间，那么你的顾客就会对你、你的产品质量、你提供的服务和你的可信度有一些期待。此时，如果你在不考虑顾客感受的情况下尝试新的做法，那么你就要小心了。

你肯定不希望疏远你的顾客，或者让顾客觉得你只是在愚蠢地尝试新事物，在一片未知的黑暗里试验新想法。

这些顾虑都非常有道理。我们合作过的一些大型企业都有这样的顾虑。为了避免这些问题的出现，很多公司都选择不用自己的品牌进行试验。比如，它们在推出新功能的时候，可能会选择采用虚构的公司名称，或者先进行小范围的试验。这样做的话，即使试验失败了，也不会对品牌造成很大的影响。

不过，有一些公司愿意公开进行试验。Nordstrom（诺德斯特龙）是一家以客户服务闻名的美国高档连锁百货店，该公司曾经拍摄了一段关于它的一个创新团队的视频，并且在其门店进行了试验。这项试验——和这段在优兔上有很高点击量的视频——让这个品牌光芒四射：勇敢、无畏、尊重并且渴望得到顾客的认可。用战略家克里斯蒂娜·沃特克的话来说，Nordstrom"是在与顾客一起做试验，而不是在顾客身上做试验"[8]。

## 流行一时的管理理论？

设计思维、精益、六西格玛、客户驱动的创新、精益创业、敏捷方法以及OODA循环（包以德循环），这些听起来熟悉吗？这些理论都曾在管理学界风靡一时。毫无疑问，这些理论刚出现就开始流行，它们受到了欢迎，然后似乎拯救了一家家公司。后来，这些理论莫名其妙地被人们弃用了，因为它们已经过时了。可能在看到"感知与响应"这个短语的时候，你会觉得这不过就是另一种只能流行一时的管理理论。

但我们谈论的是一种为了应对新的现实情况而做出的反应。鉴于数字产品和服务的本质特征，不确定性会一直存在，我们需要追求更有效率的发展。感知与响应只是一个标签，我们用这个标签来代指一系列我们目前发现的促进发展的最佳方法。这些方法体现了合作、持续学习和基于证据的决策等想法。这些方法要求人们不断收集证据，不断降低风险。

这些方法涉及了过程这一概念，但感知与响应不仅是一个过程；这些方法包括了文化方面的改变，但感知与响应不仅是一种态度。不确定性已经伴随了我们很长一段时间，而感知与响应则是应对不确定性的最新方式。感知与响应方式早在工业革命之前就已经存在。即使时尚潮流可能来得快也去得快，但科技会持续存在。感知与响应是适合数字化时代的管理方式。

## 感知与响应模式带给组织的启示

✓ 虽然世界上没有一种方法可以适用于所有的场景，但是感知与响应方法可以并且正在被人们用于那些乍一看觉得不太可能适用的场景中。

✓ 感知与响应并不意味着放弃愿景；感知与响应常常是实现愿景的最佳方法。

✓ 那些以功能为导向的企业可以转而使用感知与响应方法，但是这种转变必须由领导层推动。

✓ 即使是大型企业、政府、受到监管的行业以及对安全系数要求很高的项目，都能够并且正在使用感知与响应方法。

✓ 采购规则可能是障碍之一，但许多组织正在不断改进采购标准，以使用感知与响应方法。

✓ 即使是备受尊敬的品牌，也可以采用这个方法。

✓ 感知与响应不是一时的流行，它是对现代人类工作本质的一种自然反应。

# 第四章
# 你的企业离不开软件

此时此刻,你也许会想看看亚马逊和其他科技公司正在软件领域做些什么,然后你可能会说:"嗯,它们做得很好啊,但我们不是一家科技公司,所以我们不需要担心那些组织变革。"但是,这绝非事实。数字技术正不断渗透到商业世界的方方面面,它使每一家企业都不得不考虑如何回应。不管怎么说,现在,每个企业都与软件密切相关。

花一点儿时间,好好为你的组织考虑一下。思考一下你提供给客户的产品或者服务。它们是如何被制造出来的?它们是如何被采购而来的?你的客户如何购买你的产品或服务?你的用户是如何使用它们的?因为数字技术的发展,这一切都在改变。

想想你销售产品或服务的方式、你的推广方式、你培训员工的方式；想想你如何对自己推出的产品或服务负责、如何为员工发工资、如何把费用支付给供应商，又如何与合作伙伴共事。你会发现，企业经营的方方面面都在发生翻天覆地的变化。正是数字技术带来了这些变化。或者更确切地说，科技的发展使你的竞争对手、客户、用户，甚至你的员工现在能做的和正在做的事情才是这些变化的驱动力。

## 用户行为如何改变各个行业

在20世纪90年代，亚马逊可能是第一家利用用户原创内容构建了重要的商业竞争优势的企业。亚马逊允许用户在其网站上发表自己对产品的评论意见，这样，亚马逊就可以积极地与用户形成双向沟通，这对其他想在亚马逊网站上购买产品的用户来说是有益的。用户选择在亚马逊而不是别的竞争对手的网站上购物，是因为他们在亚马逊网站上能够看到其他用户原创的内容。但在过去的10年里，我们看到网上评论和其他用户的原创内容已经成了一股势不可挡的力量，它正在改变各个行业。

我们以高端化妆品行业为例。多年来，这个行业最主要的销售渠道是百货商店里的化妆品专柜。这些专柜满足了用户的主要需求。用户可以走进一家百货商店，在专柜处得到关于在售商品的宝贵建议。用户会知道哪些产品符合他们的需求，并从经过训练的专业人士那里得到使用化妆品的指导意见。

然而，这个销售渠道近来面对着巨大的压力。曾经，优兔上的很大一部分内容是关于猫的视频和有趣的自制影片，而现在的优兔宛如重生一般进行了改版，增加了很多新的设计，其中一项就是添加了一个教程频道。现在的优兔充斥着各种各样的教程视频；如果你在优兔上搜索"化妆"，那么你可以搜出将近850万个视频。这些搜索结果涵盖了各种各样的主题——"棕色眼睛的化妆教程""新手化妆入门教程""黑人女性的化妆教程"和"青少年化妆教程"。和互联网上的其他内容一样，有一些视频确实不太好，但是其他视频还是很棒的。事实上，最棒的视频制作人已经成了明星。根据一篇行业刊物的报道，优兔用户每天观看超过1.2亿个美妆视频。[1] 也许更值得关注的是，在网上所有的美妆内容中，由知名化妆品品牌发布的内容仅占3%。

这并不是因为这些品牌没有尝试过发布属于自己的原创内容，而是因为用户更想听听别的用户的建议。米歇尔·潘是一位明星用户。优兔是潘最主要的发布平台，她在优兔上有超过

800万名订阅者，她发布的350个美妆教程视频的播放量超过了11亿。潘从2007年开始在优兔上发布视频。2010年，化妆品巨头兰蔻开始赞助潘的视频，并邀请她成为兰蔻的"官方视频化妆师"。更令人印象深刻的是，2013年，潘与兰蔻的母公司欧莱雅合作推出了一条产品线——em by Michelle Phan（米歇尔·潘的它们）。

品牌方和零售商一样，都感受到了用户网络原创内容的影响力。根据安永会计师事务所最近发布的一篇相关报告，"经济增长、企业赢利能力和品牌的客户忠诚度将会很难维持"。新一代消费者可以通过网络互相联系，可以即时获取世界范围内公开透明的定价、产品的对比信息和奢侈品博主的意见。奢侈品战略中最重要的因素是巨大的差价，然而，现在网络信息的透明化使奢侈品行业越来越难证明这种差价的合理性，也越来越难维持这种巨大的差价。[2]

## 消费者期望和消费模式的变化

数字化服务已经成为主流，它不仅改变了企业的期望值，也改变了消费者的期望值。如果我们想了解什么事情，我们就会在谷歌上搜索。如果我们想去一个地方，优步会把我们带到那里。如果你已经厌烦住酒店的感觉，那么爱彼迎（Airbnb）可以帮你在一个外国城市尝试不一样的居住环境。如果你想买东西，亚马逊可以在两天之内把你想买的东西送到你家门前；在某些城市，货物甚至可以在一小时之内被送达。我们可以通过优兔、推特和拼趣（Pinterest）咨询像米歇尔·潘这样的专家的意见。而且不管何时何地，我们可以通过智能手机获得所有这些服务和产品。

为什么这些服务能够获得成功？因为这些服务为客户提供了他们寻求的价值，深入响应了客户的需求。如果使用得当，科技可以实现许多我们意想不到的事情，它可以让服务提供者和内容创作者在提供服务的同时，根据客户的使用习惯、客户正在形成的需求和客户给予的反馈及时进行调整。

在我们探索与客户互动的方式的过程中，这是一个极为重要的时刻。科技使人们得以在各种组织中不断学习，它也促进了客户与组织的实时互动。现在的客户越来越希望和我们的企业实时互动，如果我们无法通过满足他们的期望来回应他们，那么他们就会转而选择另一个供应商。

### ➢ 雀巢奈斯派索的教训

我们看到了客户对新时代的期望，而管理学大师汤姆·彼得斯在推特上分享了他对自己新买的奈斯派索（Nespresso）咖啡机的失望。在其12.7万名推特粉丝的注视下，彼得斯发布了多篇推文抱怨他对奈斯派索咖啡机及其服务的强烈不满。

一开始，他试着为咖啡机注册登记，这个咖啡机是他妻子给他的礼物（我们也为她感到有些难过）。彼得斯发布了推文。

呸！可悲！注册我的新奈斯派索咖啡机居然比在马萨诸塞州注册一辆汽车还难！

5个小时过后，彼得斯依旧感觉很失望，他继续发布推文。

奈斯派索咖啡机的注册过程所需要的信息，比美国中央情报局做安全调查所需要的信息还多。这些人简直快把人逼疯了，这简直烂透了。

又过了3个小时，彼得斯向他的粉丝们提议打一个赌。

要不要赌1 000美元？我赌1 000美元，雀巢的CEO肯定从来没有用自己公司的网站办理过一项实际的客户业务。[3]

奈斯派索的客户服务推特团队试图平息彼得斯的抱怨，却于事无补，这本来是顾客和公司之间的私事，可它现在已经不再只是一件私事。这件事情发生在推特上，整个互联网的用户都在看着这场好戏。而且更糟糕的是，媒体也得知了这件事，这使得这家公司更加无地自容。[4]

> **把问题看作机遇**

然而，这件事情其实完全是可以避免的。如果你一直在倾听顾客的反馈意见，一直在观察他们使用你的服务的过程，那么你就处于有利位置，可以将与客户的各种摩擦转化成宝贵的与客户互动的过程——你完全可以在某位权威人士发现问题然后公开搞垮你之前解决这个问题。我们以网络流媒体音乐服务平台Spotify（声破天）的一个小故事为例。

Spotify提供的服务有一个问题：每个账号在任何时候都只能在一台机器上使用该音乐流媒体服务。如果你先在电脑上用Spotify听音乐，然后想在手机上打开Spotify听音乐，那么Spotify就会切断电脑上的流媒体服务。这对个人用户来说问题不大，但是这意味着你无法和家人共享一个账号；比如，如果你正在自己的车上使用Spotify听歌，那么你的家人就没办法在厨房用你的账号听Spotify上的音乐。

客户向 Spotify 进行了投诉，然后 Spotify 通过流媒体服务的各项指标量化了这个问题的严重程度。这个问题很严重，但它的关键在于一个用户需要同时使用两台设备，还是在于人们需要分享自己的账号？Spotify 觉得自己还需要了解更多信息。在没有大肆宣扬的情况下，Spotify 推出了一个新的功能，作为每月两次的应用程序更新的一部分：当客户登录的第二台机器即将切断第一台登录机器的服务时，系统会向客户发出提示，让其选择是否继续切断服务。这次调整改善了用户体验，但其实际意义不只有这些。这次调整给了 Spotify 一个新的机会，让它可以收集数据（进行感知）。在某种程度上，这个新的机会使 Spotify 能够观察数据并收集证据，从而推出一项新的"家庭计划"服务：用户只需要每月支付略高的费用，就可以与家庭中的所有成员共享流媒体服务。

> ➤ 回应客户：你现在正处在软件行业中

这些故事描述了两个重要的理念。Spotify 的故事告诉了我们第一个理念：如果你能明白客户想要做什么，那么你就有可能找到一种方式，为他们提供有价值的服务——一种他们愿意购买的服务。奈斯派索的故事告诉了我们第二个理念：即使是像奈斯派索采用的这种经过试验的商业模式（销售咖啡机，然后继续通过向客户出售该机器所需的咖啡包来赚钱），现在也提供多渠道的服务了。奈斯派索的客户会在网上重复购买咖啡包，所以你猜怎么着？奈斯派索做的也是软件业务。如今，仅仅提供好看的、能够制作美味咖啡的机器已经远远不够了。奈斯派索还需要把网络服务做好。

### ➢ 利用多渠道服务模式：Sonic Automotive

回应客户的反馈已不再是一个可选项。忽视客户的反馈不仅会导致企业的销售额下降，而且会导致企业丧失塑造自身口碑的能力。汽车销售行业尤其如此。

在人们广泛使用互联网之前，汽车购买者通常会先去好几家经销商店里看看再做决定。如今，消费者在购买汽车之前去经销商店里看车的平均次数只有1.9次。消费者会在网上做大部分的研究。他们会查看商品库存，进行价格对比，并阅读其他顾客对客户服务的评价。[5] 当客户走进经销商的商店时，他们已经非常了解自己想要购买的车型了。从该车型的功能特性，到该车型最合适的价格，他们都了如指掌。而且，他们已经做好功课，熟知每个经销商提供的服务种类。经销商知道他们在服务方面的名声不好，也知道现在的顾客比以往任何时候都更消息灵通。考虑到所有这些因素，经销商们自己也转而使用科技来应对拥有了数字能力的顾客。

《财富》500强企业 Sonic Automotive（后文简称 Sonic）是美国最大的汽车零售商之一，这家公司在过去几年感受到汽车购买者的行为正在不断变化。Sonic 通过各种渠道监控客户与企业的互动——通过网络、手机应用程序，以及最近的店内互动。汽车展厅里的客户往往很快就会去往另一个经销商的商店，所以为了更好地服务这些客户，Sonic 给每一位销售人员都配备了 iPad，帮助他们实时了解库存的详细信息、客户的个性化偏好以及汽车产业下游的服务，比如融资和保险。这样，销售人员就能够直接给客户回应，让客户选择在这家商店买车，而不是从竞争对手那里购买汽车。企业要做的就是提高销售人员的可信度。企业可以帮助销售人员在客户询问某些具体问题的时候给出更多的回应，可以帮助销售人员完成整个销售过程，而不是在过程进行到一半的时候就"把摊子甩给某个财务部的人"，客户特别讨厌这种不负责任的做法。

在传统的销售过程中加入数字化工具是很重要的，而这样做的目的是让客户满意，所以，Sonic 还改变了服务过程中的另一个关键因素：薪酬结构。之前的薪酬只包括佣金，Sonic 认为这种模式会使购买者和销售人员之间的关系变得紧张。如今，销售人员 75% 的薪酬是基本工资，25% 的薪酬是基于客户评价确定的奖金。突然间，销售人员的目标不再是卖出最多的汽车，而是提供最好的客户体验。网上评语、评论、打分以及其他形式的用户原创内容都能够使 Sonic 对客户体验进行评估。该做法带给 Sonic 的回报是可以量化的，这种回报会体现在销售额、重复购买量、网上评语和口碑营销方面。

虽然我们分享的很多故事都在讲述如何提升数字服务的质量，但重要的是要记住，数字本身并不是一个目标。我们的目标是促进某种改变并增加某种价值。换句话说，Sonic 给销售人员配备 iPad 的计划本身与 iPad 无关，该计划的关键在于服务。Sonic 一直想达到提升服务的目的，而数字工具只是为 Sonic 实现这种效果提供了一种方式。Sonic 专注于用户原创内容，所以它得以和市场进行双向沟通，这就是感知与响应模式构建的双向沟通。

> **其他行业的顾客压力**

在数字时代，顾客给予企业的压力已经渗透到了各个行业。这种情况出现在消费类企业中（比如汽车经销商）一点儿也不会让人觉得奇怪。但是，这种情况也发生在了利基行业，甚至发生在了世界上一些最古老的行业中。

动物育种至今已有几百年的历史，这项工作要求育种人员拥有与畜群接触的直接经验和代代流传的智慧。然而，年轻的农民从前辈手里接过了这项事业，他们变得越来越善于使用科技。现在，他们很少依赖祖辈传下来的知识，而是更多地依赖谷歌的搜索结果。在一个可以在网上查找所有信息的时代，人们为何要把这些信息都记下来呢？

Select Sires（精选公司）是一家美国公司，专门为乳制品和牛肉生产商服务。总部设在俄亥俄州的 Select Sires 是"北美洲最大的人工授精机构"[6]。换句话说，Select Sires 将公牛的精子卖给养牛人。有一些购买者养牛是为了销售牛肉，有一些购买者是为了销售牛奶。这些养牛人向 Select Sires 寻求帮助，希望 Select Sires 帮助他们饲养牛群，使一代又一代的牛群保持健康的状态和生产力。

对 Select Sires 来说，该领域的竞争日渐激烈。由于越来越多的人开始进行公牛的配种混合，企业越来越难实现产品层面（公牛的精子本身）的差异化。如果 Select Sires 培育出了一种先进的配种，那么购买者（往往是经验丰富的动物配种专家）就会利用这种公牛来培育出一种与之竞争的品种。所以，Select Sires 仅为客户提供好的产品是远远不够的。

事实证明，管理一大群家畜的基因是一项复杂且会涉及大量数据的工作。你需要在牛群中培育出令人满意的特征，避免近亲繁殖，并观察配种模式和配种出的牛的缺陷。对拥有成百上千只动物的农民来说，这个任务无比艰巨，而对 Select Sires 来说，这正是创造差异的好机会。

20 世纪 60 年代，在 Select Sires 公司运作早期，员工会站在动物旁边，根据 15 个不同的特征给动物打分，然后将打分信息记录在纸质工作表上。饲养员随后会整理所有的工作表，并为育种找到合适的配对，这就是交配服务。如今，人们已经开始用电脑收集数据，数据分析过程变得越来越复杂了。现在，Select Sires 的目标人群都是一些年轻而且善于使用技术的消费者，他们会要求即时获取配种的基因信息和比对数据。

为了满足消费者的这一需求，Select Sires 聘用了许多软件工程师。它创建了一种搜索服务——你可以把这种服务看作为牛的饲养者开发的谷歌——以及一个比对数据库，购买者可以通过这个数据库了解 Select Sires 的竞争优势所在。

Select Sires 还创建了一个数字版本的交配服务。购买者可以输入一系列他希望未来的牛群具备的特点。比如，如果饲养者想让未来的牛群为干酪工厂生产牛奶，那么该饲养者可以利用 Select Sires 开发的网络软件工具来选择对应的特点，并在几秒钟内得到结果。过去，这样的过程需要几个小时的文书工作才能完成，现在，人们一眨眼就可以搞定它。

Select Sires 也可以利用通过这些数字服务得到的搜索数据来改善自己的服务。它能够跟踪并分析消费者与软件系统的互动过程，以此评估市场的需求。因此，Select Sires 可以根据关于消费者行为和需求的真实数据来制订产品计划，而不是仅仅依靠猜测和直觉来判定饲养者们下个季节的需求。

企业不只有在应对消费者需求时才能用到数字化服务。Select Sires 已经将数字技术引入了存放产品的仓库，使得采集机和包装机能够更高效、更快速、更准确地工作。在 Select Sires 的仓库里，产品都被存放在咖啡吸管大小的容器里，这些容器又被存放在液态氮内。早期，完成订单的基础是纸质订单、库存列表、小标签和手动追踪系统。为了帮助定位和选择产品，仓库人员现在会用一辆小车来导航整个仓库，小车上有一台桌面计算机和几个监控器。Select Sires 下一步的计划是将所有人为操作汇集到一台移动设备上。

许多行业的各种企业都遇到了和 Select Sires 一样的情况。这不仅与消费者、产品、服务和各种操作有关，最后，所有的一切都可以通过软件进行操作。真正让人印象深刻的是 Select Sires 适应这种变化的程度。Select Sires 重新调整了向客户展示和销售产品的方式；它使数据收集工作更加现代化，并且在此基础上开发了新的服务；它改进了各项操作；团队成员一直在反思他们的经营方式,并且在思考如何最大限度地利用科技为客户提供最大的价值。

## 前所未见的竞争威胁

在《创新者的窘境》一书中,哈佛大学教授克莱顿·克里斯坦森提到了颠覆性创新——那些改变行业并创造出了新市场的创新。在这些创新刚出现的时候,人们并没有感受到它们的威胁。它可能只是优兔上的一个关于青少年化妆的教程视频。它的功能没有你的产品那么强大。(大家都知道一件事,米歇尔·潘曾经去兰蔻的化妆品专柜应聘,却因为缺乏经验被拒绝了。[7])它的质量不如你的产品。它就是个玩具。于是,许多企业只把这些创新当作噪声,对它们不予理会,并继续埋头做自己的事情。直到这个所谓的"玩具"开始强烈吸引客户的注意力时,现有的企业才开始注意到对手——然而早已为时太晚。

企业家精神不是一个新的概念,颠覆性创新也不是。如今,真正的新情况是科技力量的急剧上升和相应的成本减少。这一代的所有企业家都在捣鼓自己手中的"玩具"。他们已经自成规模,而过去要实现这种规模至少要花费几年的时间(还需要大量的投资)。

科技也加快了企业家的行动步伐。过去，企业家可能要花费几年时间才能把自己的想法和愿景投放到市场中。现在，一个想法从构思、生成原型，到投入市场等待客户反馈，只需要几天的时间。市场会快速地测试这些新的想法。人们很容易对此一笑置之，但是后来会突然发现这些测试已经对他们的核心业务构成了实质性威胁。关于这种科技发展导致的现象，我们见到了太多例子，现在不妨来看一个大众媒体新闻领域的例子吧。

> ➢ **BuzzFeed 的崛起**

BuzzFeed 成立于 2006 年，该公司的成立源于一系列的试验，这些试验的目的是寻找最值得在网上分享的内容。BuzzFeed 的创始人乔纳·佩雷蒂当时还掌控着另一家传媒创业公司《赫芬顿邮报》。当他还在《赫芬顿邮报》工作的时候，他就开始把 BuzzFeed 项目当作附带项目推动了起来，该项目旨在从数百万个网络链接中筛选出能够与广大用户形成共鸣的那些链接。两年过后，BuzzFeed 每月的独立访客数量达到了 100 万。BuzzFeed 通过照片表情包、吸引眼球的各种清单（比如"可以恢复你对人性信仰的 21 张照片"）和网络推广的内容，吸引了大量的受众。于是，越来越多的资金开始流入

BuzzFeed，该公司开始飞速发展。

虽然其内容微不足道——这大概就是为什么主流媒体组织都忽略了这些内容——但 BuzzFeed 正在逐渐完善一种通过分享行为来实现的新分销模式。通过一次又一次的试验，BuzzFeed 一直在不断学习。最终，BuzzFeed 网站保留下来的功能最支持一个行为：分享。在此之后，持续的内容分享使该网站每月的独立访客数量达到了 1.5 亿。

BuzzFeed 完全可以满足于既得的成就，坐享清福，在同样的轨道上继续发展，但在成立的 5 年后，它做了一件非常有趣的事情。BuzzFeed 以自己创建的平台和吸引的用户为基础，开始提供合法的新闻内容。BuzzFeed 聘用了那些报道体育赛事、政治事情、国内与国际新闻的资深记者。随着 2012 年慢慢过去，传统的新闻媒体组织才开始清醒过来，它们发现自己的读者数量正在不断减少。那么这些读者去了哪里呢？事实就是，他们都选择了 BuzzFeed。这一次，用户不仅可以在 BuzzFeed 上查看世界上最可爱的小猫的名单，也可以在 BuzzFeed 上阅读关于总统选举周期以及其他重要事件的文章。曾经的"玩具"已经发展成了一家合法企业。在不到 10 年的时间里，BuzzFeed 的用户数量已经是《纽约时报》这样的组织的网站读者数量的三倍了。

这就是科技的力量。这种力量不依赖于传统的商业模式或商业理念。它也不受产品在生产或分销过程中的地理位置的限制。人们在试验、沟通和学习的过程中都可以利用科技，科技可以以前所未有的速度推进这些过程。BuzzFeed只是新媒体公司在这方面努力的一个例子，毫无疑问的是，这种现象正发生在每一个行业中。

### ➢《纽约时报》的回应

到了2013年，《纽约时报》的高管们明显开始关注这个问题了。感受到数字革命的压力，这些高管委托机构进行了内部审计，这次审计持续了6个月。这次审计的结果就是2014年3月发布的《纽约时报创新报告》。这份报告最初只是对内发布的，但是在发布没多久后，它就被泄露到了网络上。[8]能阅读到这份文件是我们的幸运。它以透彻、坦诚和极具洞察力而闻名，是许多学习型组织争相模仿的范本。

这份报告专门批评了在数字化环境里使用传统商业模式的做法，它教给人们的经验可以用于除新闻业之外的领域。这份报告对企业在未来发展过程中应该关注的重点有着重要的指导意义。

该报告是以如下方式开头的。

《纽约时报》在新闻行业不断地取得成功。在数字时代，媒体公司面临着诸多挑战，其中最困难的便是提供伟大的新闻作品。我们的每日要闻报道非常深刻、全面，既充满智慧又非常吸引人。与竞争对手相比，我们已经有了巨大的领先优势。但是，我们在另一个关键领域逐渐落后于人：向读者传递新闻的艺术与科学。我们一直非常关注我们工作的范围和影响，但是要想破解数字时代的奥秘，我们做的事情还远远不够。[9]

《纽约时报》创立已有150多年，它已经形成了自己独特的运作方式。如今，《纽约时报》如何突然改变自己的经营结构、激励机制、组织结构和交付机制，来应对这些新的挑战呢？报告中对这个问题最好的回答是《旧金山纪事报》的执行主编奥德丽·库珀的一句话："我们希望最终成为一个兼营报纸出版的数字公司，而不是一个兼营网站的报社。"[10]

库珀的这句话从很多方面支持了本书的论点：你必须首先把自己的公司当作一个数字公司。你的产品和服务的基础必须是数字化框架，这样你才能在不断改进产品和服务以适应客户期望的过程中，让更广泛的用户群体接触这些产品和服务，并再次对它们进行调整。《纽约时报》的高层并没有认真评估其他竞争对手在数字策略方面的表现。他们依旧在与竞争对手比较新闻的质量——在这个方面，他们一直处于领先地位。但是，读者的数量反映了一个不一样的现实。这大概是这个故事能给我们的最大的启示：虽然你的产品质量极好，但你的客户消费产品的渠道一直在不断地进步发展。消费渠道已经变得越来越数字化了，如果你不在一家"科技"公司工作，那么这种情况可能会让你望而生畏，但是通过这些渠道建立起的"感知与响应对话"的力量，只有忽视这种对话的风险能与之匹敌。

作为对这份创新报告的回应，《纽约时报》采取了重大的举措，旨在统一《纽约时报》的数字版面和纸质印刷版面的内容。在 2014 年奥斯卡颁奖典礼当天的晚上，人们就已经可以看出一点儿苗头了。当时，《纽约时报》在推特上发布了一个链接，内容是 161 年前该报纸关于所罗门·诺瑟普的一篇报道，他的回忆录被改编成了电影《为奴十二载》，该电影在当年的奥斯卡之夜斩获了三个奖项。《纽约时报》也对新闻编辑室做了改变。它切断了员工对桌面版 NYTimes.com 网站的访问权限，让员工把关注点放在手机版本上；最近，它又开始让员工与记者分享网络分析数据。分享网络分析数据的做法虽颇具争议，但该公司这么做是为了让每个人都意识到纸媒面临的分销渠道问题。这些改变虽然有风险，却反映了这份创新报告的作者的态度,他指出:"我们必须抵制我们的完美主义冲动。虽然我们的新闻工作总是需要精心打磨,但是我们在寻找吸引读者的新方式时,可以稍稍粗糙一点儿。"[11]

至少从目前来看,这些举措似乎很有效果。2016年发布的一份报告显示,《纽约时报》的数字广告收入增加了10.6%,其数字订阅收入增加了13.3%。[12]

## 适应新的竞争环境

我们在前面已经说了几次,你正处在软件商业时代,而你的竞争对手也处在软件商业时代。出现这种现象的原因在于,数字化时代的新功能与新实践已经为所有人创造了一个新的竞争环境。让我们花一些时间来看看这个新的环境。

### ➤ 拓宽地理范围

如果非要说出一件明显被数字经济重新定义的事情,那就是数字经济使我们能够在全球范围内开展经营活动。在过去的某一个时代,进行全球范围内的经营活动意味着你需要在每个大洲都拥有自己的办公室、仓库和工作人员。现实早已不再是这样。

没有什么企业能比脸书更好地体现全球经营的新理念了，它是 21 世纪企业经营规模的原型。脸书拥有将近 11 000 名员工，其市场总值达到了 2 750 亿美元。试着把脸书与通用电气公司进行对比，通用电气公司的市场总值与脸书相近，达到了 2 880 亿美元，但是通用电气公司拥有超过 30 万名员工，它在世界上的几乎每一个国家都设有办公室。沃尔玛的市场总值为 2 120 亿美元，共有 220 万名员工。

不过，更引人注目的是脸书的覆盖范围。脸书自诩其月活跃用户数量达到了 16 亿（你没看错，是以亿为单位的）。虽然脸书的大部分员工都在加州，但是将近 83% 的脸书用户都不在美国。在我们写作本书时，脸书只有 12 年的创办历史。它如何在这么短的时间内，依靠这么少的员工获得了如此大的全球影响力？毋庸置疑，答案就是软件。

> **多渠道拓展业务范围**

要想渗透人们生活的方方面面，你只需要以数字的方式存在于网络上、应用程序中，或人们的设备里。事实上，你的客户期待你能出现在这些地方。因此，越来越多的公司正在转向数字渠道。有一些尝试看起来像是愚蠢的试验，但是另一些尝试——那些能为客户创造重大价值的尝试——很快就变得至关重要。

在过去的几年里,达美乐比萨一直在积极推进数字渠道试验。虽然达美乐比萨在美国多处设有门店,但是当你一时兴起想吃比萨时,你的周围可能没有它的门店(或者你可能并不知道周围其实有一家达美乐)。达美乐比萨至少在与8个数字渠道合作。你可以通过推特订餐,也可以在你的车上用福特的SYNC(车载娱乐系统)订餐,或者通过达美乐比萨的手机应用程序订餐。事实上,达美乐比萨又有了新的进展:客户只需要给距离最近的达美乐比萨餐厅发送一条带有"比萨片"表情符号的短信,即可订餐。达美乐比萨并不是以拥有最好的比萨而闻名,但显而易见的是,它一直希望通过便捷有趣的服务吸引并获得一大批忠诚客户。这些尝试看起来或许像小孩子在玩玩具,但是我们要记住《创新者的窘境》中的教训:今天看起来无关紧要的小打小闹,明天可能就会成为颠覆性创新。

另一个在数字化世界中实现了多渠道服务的就是时尚品牌瑞贝卡·明可弗。在明可弗的纽约高级连锁店里,员工利用RFID(射频识别)标签来追踪商店里所有商品的动向。当一位顾客将某件商品带入试衣间时,试衣镜中的触摸屏就会"知道"该商品在此处,然后该触摸屏会展示出顾客正在试穿的商品的其他颜色样式,也会展示一些可以与之搭配的装饰品。顾客还可以输入电话号码，通过该屏幕预订免费咖啡或一杯香槟。顾客可以通过触摸屏申请更换另一个尺寸或颜色的服装。有了这个细节，明可弗就能够将顾客在门店内的行为与其网络账号连接起来。如果顾客登录过明可弗的网站，并在网站上购买过商品或创立过愿望清单，那么明可弗的门店也可以在触摸屏中展示这些信息。

明可弗的工作人员也可以通过这个系统来洞悉客户的需求。他们可以追踪所有被顾客带到更衣室中的商品，了解客户放弃了哪些商品、购买了哪些商品。从某种意义上说，整个明可弗商店——不管是线下店还是线上店——一直在对客户的行为做出响应，不断地为客户和企业创造价值。[13] 数字服务促使企业与客户不断进行沟通，明可弗也是这样一个例子。

> ## 将以用户为中心的价值观推广到大型企业中

为什么这些数字化改进和更新的产品能提高用户忠诚度并促进规模化发展？假设用户总会购买最新、最炫的成果或发明，那么这个问题就很好回答了。但是，现实不是这样的。事实上，企业不断回应客户的需求改善了用户的体验并创造了价值。

关键不在于科技本身。科技已经被商品化并且变得廉价了。确切地说，企业为客户提供的价值才是它形成竞争优势的原因。

如果你能制造一个易于使用的产品，减少客户完成任务所用的时间，或者在最恰当的时刻为客户提供他们需要的正确信息，那么你就赢了。优步就是这么做的：它解决了一个小问题，即叫出租车的问题。优步击败了传统的出租车公司，在短短 6 年的时间里将业务拓展到了 58 个国家和 300 个城市中。在没有一辆车的使用权的情况下，优步的年收入总额一度达到了 100 亿美元。用户愿意购买优步的服务并把它分享给朋友，正是因为它一直在改进用户体验。用户体会到的快乐——不管是不是与数字化有关——提高了他们对品牌的忠诚度。

## ➢ 利用多个平台快速创造新事物

米歇尔·潘、BuzzFeed、优步和其他数不清的企业能够取得成功并扩大规模的原因在于数字平台的激增。现在，到处都是这样的平台。这些平台为我们现在所体验的数字化互动奠定了基础。你可以把它们看作基石——我们将这些零部件和基础设施部件拼凑在一起，创建了数字化产品和服务。越来越多的平台涌现了出来，非常有趣。

### 我们不需要做所有的工作

以前，科技公司不得不从零开始构建各种系统；现在，我们通过第三方即可获取这些系统。这些系统发展成熟，非常稳定，而且每天都在不断完善。所以，以前我们可能必须创建自己的系统才能处理基础性事务（客户登录、付款等），但现在我们可以把这些业务外包给其他人，然后专注于开发那些对我们来说独一无二的部分。

### 这些软件很便宜

高质量开源软件的推广使人们不费吹灰之力即可使用这些软件。非开源平台通常也会把最初的使用价格定得很低。卖方通常会提供免费或低成本的使用计划，随着用户慢慢习惯使用这种软件，卖方就会开始涨价。这种定价策略降低了所有人使用软件的门槛，住在车库里的三个小孩也能和跨国公司一样享有使用世界级软件工具的权限。

### 软件能够实现大范围即时覆盖

我们可以使用社交媒体与全世界的消费者对话。只要拥有一张信用卡，每个人都可以在脸书上发布广告——购买脸书的广告只需要15分钟——而且该广告可以立即出现在脸书目前拥有的大约16亿名用户面前。我们可以在WordPress博客平台上创建一个博客，或者在拼趣、汤博乐（Tumblr）、照片墙

（Instagram）和色拉布（Snapchat）上创立账号，然后立即就可以联系到数百万名用户。

此外，因为有了易贝（eBay）和Etsy等电子商务平台，专业零售商出现了。当这些电子商务平台已经容纳不下零售商的产品时，这些零售商可以很容易地通过类似Shopify的平台打造属于自己的电子商务产品。Shopify这样的平台使他们可以在自己的网站上建立网上商店。软件开发者可以将第三方支付处理器引入该网站，整个过程只需要几分钟。

我们所需的基本的基础设施服务全都可以在云端获取。亚马逊的网络服务部门AWS现在已成为大部分数字企业的数据中心。AWS甚至把美国中央情报局也变成了自己的客户。[14] 与所有的平台提供商一样，AWS的准入门槛也低得离谱。你只需要一张信用卡和一个网络浏览器，就可以在AWS开始创业。

### 软件可以让你迅速行动

所有这些平台有什么共同点呢？它们都是人们为了减少商业摩擦而创建设计的软件服务。有了这些软件服务，一个团队的想法从诞生到实施只需要几天时间；这些软件服务使最简化可实行产品（MVP）无所不在。它们赋予了企业根据商业表现增减规模的灵活性。它们使企业可以集中注意力，开发系统中能够增值的部分，并将绝大部分其他的所需内容外包给第三方供应商。它们也能促进大型企业和车库里的创业二人组均衡发展。毫无疑问，大企业亟待解决的问题更为复杂，但是这些平台扶植的小企业造成的竞争威胁也不容小觑。

### ➢ 看看你的客户都在做什么

《纽约时报》最近发表了一篇关于尼尔森公司的文章。一直以来，如果媒体和广告业人士想知道美国人会在电视上观看什么内容，他们都会用尼尔森的电视收视率调查结果作为判断依据。不过，尼尔森现在仍然通过给所有受调查的家庭邮寄纸质调查资料来进行统计。更糟糕的是，根据《纽约时报》对观众的采访，尼尔森的纸质调查资料并没有要求被调查者及其家人填写他们在网飞这些流媒体上观看的电视节目。被调查的某一家人已经5年不看有线电视了，但是尼尔森没有通过系统的方法了解这个事实。媒体大佬们对此非常沮丧，这也是可以理解的。[15]

但可以保证的是，像网飞这样的流媒体提供商可以非常精确地知道有多少观众在观看他们的节目。这是因为数字流媒体建立在软件的基础上，而软件可以把观众观看的电视信息发送给网飞。换句话说，当你在网飞上观看一个电视节目时，你是在与企业进行双向沟通,你的观看选择可以帮助企业了解你的喜好。最近,网飞公开分享了一些关于美国人使用流媒体的习惯的见解。比如,放纵自己看完一整季电视剧的订阅观众一般共计要观看一周的时间;为了看完一整季电视剧,这些观众每天至少要看两个小时电视。这些数据都是尼尔森公司在纸质调查过程中遗漏的信息。

对网飞来说,感知订阅观众的行为可以帮助它对症下药,针对不同的用户采取不同的回应方式。网飞的CCO(首席内容官)泰德·萨兰多斯在最近一次采访中提到,网飞看待收视率的方式与传统的广播电视网不同:"我们可能会为200万人拍一部电视剧,也可能会为3 000万人拍一部电视剧。"所以,网飞并不想相互比较电视剧。"这种比较会使有才华的人在创作时感受到很大的压力,我们并不想这么做。"[16]

重点在于,提供数字服务的现代企业自带数据收集功能。(成熟的数据收集和分析平台使得企业在一开始就构建这样的功能是相对容易的。)这些企业了解客户的行为,并且能够很快地根据客户的行为做出回应。它们几乎可以在客户行为发生的同时做出更明智的决定。它们不再像以前一样,只能大胆地冒险猜测客户的需求;现在,它们可以感知客户的需求。

> **运营层面的问题才是当前的限制因素**

这些平台为你提供了成熟稳定的基础设施,你可以在此基础上为数百万名客户创建产品并提供服务。由于你从软件系统中收集到了许多数据,所以这些产品会包含你的洞察力。我们缺少的最后一片拼图其实与科技无关,关键在于人——更具体地说,是企业里的人员。企业结构的设置是否允许你做出响应?你给出解决方案的速度能否与你的感知速度匹配?我们讨论的并不是你制造产品的速度,而是你为了制造产品做出决策的速度。

要想改变你对新想法做出反应的速度,关键就在于决策。这些决策必须与外部信息传入的速度相匹配。要做到这一点,组织中的所有人必须都相信自己的管理者会做出正确的决定。最适合做出实时决策(即对接收到的数据做出反应)的人是那些实际制造产品或执行修改后的政策的人。没有人比前线的执行人员更投入,他们是最接近市场的人,可能最懂得如何回应市场的需求。有的企业赋予了这些团队快速应对市场变化的自由,使他们免受官僚主义影响,这样才能让 21 世纪所有的科技功能都发挥作用,让企业的工作步调与市场的发展一致。

组织团队实现快速响应的最常见的方式就是采用敏捷方法。敏捷方法可以为团队授权,帮助团队基于数据做出决策。但非常遗憾的是，许多企业虽然采用了敏捷方法，却不知道为何要这么做。通常，这些企业只是使用敏捷方法执行一个预案，决策权——回应市场反馈的能力——则始终掌握在团队之外的人员手中，这使得企业的工作效率相对低下。这是工业时代的心态，对完美的追求、漫长的生产周期、流水线生产和计划体制导致了这种心态。这种心态会让那些比你更敏捷的竞争对手在你之前抓住机遇，所以，你必须把战术上的决策权交给最接近市场的团队。

## 帮助你的员工

如果你想发展自己的公司，那么你还需要满足另外一些人的期待——你的员工。在工作之余，员工也是消费者。他们也像其他人一样使用同样的科技产品。很多时候，当员工走进办公室时，企业会让他们使用过时的科技产品进行工作，或者通过严格的安全限制来锁定员工的访问权限。（如果你认识在华尔街工作的人，那么你可能会了解到，有些人总是随身携带两部智能手机——一部是公司配备的，另一部是私人使用的。）如果员工向上级要求购买软件系统或者升级软件系统，那么这个申请必须经过公司严苛的审批程序、预算审核签名程序，以及幕后政治操纵才能落实执行。

绝大多数员工都希望可以把工作做好。为了应对这些困难以完成工作，员工们有时候会采用变通的方式来避免使用过时的软件系统——这种现象被称为"影子IT"，或者指员工使用未经企业批准的技术系统进行工作的情况。一些人士估计，75%的企业都出现了这种现象。毫无疑问，该现象会令软件系统管理员感到不快，但是我们有理由相信，绝大多数采用这种办法的员工的实际工作效率会更高；因为企业给他们提供的软件系统不够用，所以他们自然会去寻找能够帮助他们更好地完成工作的科技产品。换而言之，员工希望利用科技提高工作效率，但是企业的限制条件不允许他们这么做。

强制员工使用设计很差、运行缓慢而且反应迟钝的软件系统，会降低员工的工作效率和积极性。就像许多企业开始支持员工在工作中使用自己的私人设备一样，它们也很有必要支持员工使用企业外部的软件系统和科技产品。但是，真正实现现代化不仅需要企业允许员工使用那些软件系统，而且需要企业允许员工以不同的方式使用科技。

Select Sires需要聘用软件工程师。过去，这个行业是由工作服和粪便定义的。企业的领导层知道，如果没有现代的软件系统和使用这些系统的自由，他们将无法吸引、聘用并留住软件开发者。这同样适用于所有试图聘用数字化人才的公司：银行、医药公司、报社和零售公司。分析师玛丽·米克在她的《2015年互联网趋势报告》中提到，41%的千禧一代可能会在其手机或笔记本电脑中下载用于工作的应用程序，而只有24%的年长工作者会选择这么做。[17] 帮助你的员工使用科技产品与确保消费者不断变化的需求得到满足是一样重要的。

## 独角鲸项目和逆戟鲸项目

也许我们会不情愿或不经意地发现自己正处在软件业务中，接下来，我们要分享一个关于两支队伍进行高风险竞争的故事。这两个团队在应对软件带来的问题和机遇时，采取了不同的方式。

现实世界很少会出现体育运动的场景：两支队伍，两种方法，一个赢家。但是在2012年，现实世界中恰好出现了这样一个场景：米特·罗姆尼和巴拉克·奥巴马竞选美国总统。

我们并不是要谈论政治政策或左翼与右翼的区别。确切地说，我们要谈的是快速发展的组织机构如何应对促进这个时代发展的根本动力——数字技术。这个故事讲述的是，在应对信息技术方面，老旧传统的方式最终是如何被崭新的、综合的感知与响应方式彻底击败的。

在美国，成功的总统竞选活动有几大基本要素：募集资金、协调基层工作人员以及增加投票率。如今，这些操作（当然还有很多其他操作）都是通过软件系统进行的——总统竞选需要开发这些软件系统。在条件不利且无法预测未来的情况下，竞选团队在技术方面付出了巨大的努力，竞选的残酷性要求竞选团队必须在很短的时间内完成系统开发。

### ➢ 罗姆尼的竞选活动：逆戟鲸项目

罗姆尼的计划是创建一个代号为逆戟鲸的软件系统，这个软件系统很像我们在想象强大的计算机系统时所梦寐以求的软件系统。罗姆尼竞选团队想要创建一个综合性的选民信息系统，该系统可以追踪美国所有选区的所有选民，帮助志愿者重点关注他们所在地区的关键选民，并在美国大选日直接找到这些选民，确保每一个支持罗姆尼的选民都参与了投票。

"投票后的民意调查远远不够，我们需要了解更多信息，"罗姆尼竞选团队的联络主管盖尔·吉特科告诉美国公共电视网（PBS），"等到5点，当投票后的民意调查结果出来时，我感觉我们应该不太会关注那个结果，因为那时我们早已经掌握了更具科学性的信息。"[18]

罗姆尼的竞选团队对自己在技术方面的努力非常自信，他们聘请了几家最好的软件公司参与其中，并认为这将成为竞选的秘密武器。"奥巴马的竞选团队喜欢吹嘘他们的基层工作，"吉特科说，"但是跟我们的软件系统相比，那简直不值一提。"

罗姆尼本人在一个关于他的科技项目的竞选视频中说道："有了最先进的科学技术，在大选日那天，我们的竞选团队将拥有前所未有的优势。"[19]

罗姆尼的竞选团队把这个系统命名为"逆戟鲸"，因为逆戟鲸是人们目前所知道的唯一捕食独角鲸的动物，而奥巴马团队为其软件系统所选取的代号恰好是"独角鲸"。

## ➤ 奥巴马的竞选活动：独角鲸项目

当然，奥巴马的竞选团队一直在为其软件系统不断努力。在大选前几个月，该团队一直在做这件事。奥巴马竞选团队的成员并不会大肆宣传，至少他们没有将此事告知媒体。事实上，除了项目名称，奥巴马竞选团队之外的其他人对该团队开发软件系统的事情几乎一无所知。

虽然没有将此事透露给媒体，但奥巴马的技术团队（该团队一直在竞选团队内部工作）将此事告诉了奥巴马团队的志愿者。事实上，在大选日之前的几个月里，奥巴马的竞选团队向其志愿者推出了一项又一项软件服务——他们不断测试、改进并持续完善这些服务。奥巴马的竞选团队实际上就是在对手的眼皮子底下做试验。该团队不仅建立了投票动员机制，还开发了资金募集系统、志愿者协调系统和数据分析系统。他们也巧妙地开发了选民拉票程序。那场主题为"与巴拉克共进晚餐"的备受调侃的活动，其实是一场复杂的双向对话的开场，这种双向对话吸引了选民，帮助团队收集了选民的邮箱地址，并成了现代的、持续的感知与响应模式的典范，而这种模式是依靠数字技术实现的。与奥巴马的竞选团队相比，罗姆尼的竞选团队直到大选前没多久才启动了逆载鲸项目。

## ➢ 大选日的胜利

所以，最后的结果怎么样？大选日对罗姆尼团队的逆载鲸项目而言，简直就是一个灾难。这种征兆在大选日的前一天晚上第一次出现了。那时，罗姆尼团队的志愿者第一次看到这个软件系统。他们发现该软件系统的说明难以使用且非常不完整，这让他们一头雾水。该软件系统中的许多操作都是为智能手机用户设计的，但许多志愿者还在使用普通的旧式手机，该团队开始感到恐慌。与之相比，奥巴马竞选团队开发的软件系统的优势很明显，因为该团队的志愿者使用该软件系统的时间已经长达数月。奥巴马团队的志愿者刚开始也是一头雾水,但是奥巴马的竞选团队利用志愿者早期的反馈不断改善系统,所以到了大选日,一切都进行得很顺利。

在大选日当天,逆戟鲸系统几乎一直处于崩溃状态。出于安全考虑,罗姆尼的数字团队成员一直对这个系统守口如瓶,所有的操作都通过一个数据中心运行。这个数据中心是由这些成员建立的,其地点位于波士顿花园附近。这么做的结果是,开发软件系统的人直到大选前不久才获得登录系统的权限,而在波士顿花园操作系统的人并不是真正开发这个系统的人。因此,软件的开发者需要将软件系统交付给操作者。由于时间紧迫,双方只有一次成功交接的机会。他们根本没有时间了解最新的事态发展,即使软件系统存在问题,他们也几乎没有修复问题的时间。罗姆尼竞选团队的数字主管扎克·莫法特后来说道:"主要问题在于,我们对软件系统进行测试的环境与波士顿花园操作中心的环境并不相同。"[20] 换句话说,罗姆尼的竞选团队从未在现实世界中测试过这个软件系统,也从未试图通过某种合作来解决这个问题。

奥巴马的竞选团队则采取了另一种做法。他们采取了一种不同的团队组合方式,注重软件系统开发者和操作团队的紧密合作。开发者和操作者并没有在不同的公司工作,他们从项目

第四章 你的企业离不开软件

最开始的时候就在一起工作。开发者和操作者一同参与了软件系统的开发和测试，这使得该软件系统坚不可摧。他们并未使用独立的数据中心，而是通过亚马逊的云服务运行这个软件系统。从项目开始到大选日，他们一直在不断改进、测试并调整这个系统。

简而言之，奥巴马团队的软件系统彻底地击败了罗姆尼团队的软件系统。这是否决定了大选的结果？这个问题引起了一些争议。但是，这场竞选势均力敌，一些观察家估计，由于罗姆尼团队的软件系统的失败，在关键选区内有多达三万名罗姆尼团队的志愿者处于闲散状态。不管软件系统的成败是不是这场大选结果的决定性因素，罗姆尼团队在数字运营方面做出了错误的选择，这一点是毫无疑问的。

### ➢ 奥巴马的团队知道什么

米特·罗姆尼是一位经验丰富的战略家。在进入政界之前，他是20世纪七八十年代资深的管理咨询业人士，曾任职于波士顿咨询集团，也曾是贝恩咨询的合伙人。他知道如何管理大型组织机构，但至少在2012年的竞选活动中，他在处理科技问题时仍然沿用了以前的办法。

奥巴马竞选团队有理由相信自己的方法比罗姆尼竞选团

队更好：罗姆尼团队在 2012 年所做的尝试，奥巴马竞选团队早在 2008 年就已经试过了。奥巴马团队当时也失败了，所以，他们吸取了 2008 年大选时软件系统失败的教训，在这一次竞选时选择了截然不同的方式。这一次，他们选择了制订小计划，而不是大计划；他们每次只推出软件系统的一小部分，而不是大爆炸式地一下子发布所有的内容；他们让不同的职能团队共同合作，而不是秘密工作，各自为政。

他们知道如何开发成功的软件系统，部分是因为软件行业在过去的 10 年里已经有了很多的积累。奥巴马竞选团队在芝加哥总部招募了一支由技术人员组成的精锐团队，许多团队成员都辞掉了在硅谷的工作，加入了这家新成立的热门"创业公司"——奥巴马的竞选活动，它也被称为"Obama for America"（奥巴马为美国）。这些人受到过硅谷文化的熏陶，能够为奥巴马的竞选活动提供最新的方案。

## 为什么软件正在吞噬整个世界

2011 年，颇具传奇色彩的科技企业家马克·安德森发表了他的一个观点："软件正在吞噬整个世界。"我们同意他所说的情况，并对此进行了总结。这是一个很重要的观点，而且正在被人们广泛引用。

同样重要的是，安德森的这个观点受到了业界的广泛关注。那些以传统工业化方法为基础的组织现在必须面对软件行业的颠覆性力量，它们必须通过参考我们在第一部分所讲的新剧本来应对时代的变化。在接下来的第二部分，我们会深入研究这个新剧本的细节，探索这个新剧本带给组织中的每一个部门管理者的启示。

## 感知与响应模式带给组织的启示

- √ 越来越多的组织将不得不面对软件行业的颠覆性力量。
- √ 软件不仅在改变企业交付给消费者的产品和服务，而且在改变企业的经营方式。
- √ 软件正在改变市场对企业的期望，鼓励企业竞争，并为企业创造新的竞争对手。为了存活和发展，你的组织必须意识到，过去的旧剧本是时候被新剧本取代了。

# 第二部分

# 企业的感知与响应指南

# 第五章
# 新型工作方式与管理工具

工作什么时候结束？对绝大多数人来说，这个问题看似很简单，其答案是工作在完成的时候就结束了：完成家庭作业、做完家务事。在完成这些事情之后，你就可以停下来，和朋友一起玩、阅读书籍、看电影等。如果把这种想法代入真正的工作场合，那么你需要写完一篇报告、完成一系列行动、参加一次会议……工作什么时候才算结束？"辞职的时候！"

然而，我们需要停下来，思考什么才是"完成"的真正含义。完成是指发出货物、推出服务或获得利润吗？奇怪的是，这些通常都不是完成的意思。我们需要再往后退几步，才能理解我们通常说的完成的意思。有时候，完成指的是"我们已经按合同要求制造出了您想要的产品"。有时候，完成指的是"我们已经写好了软件代码,测试了它的可行性,并且将它部署到了服务器上"。

不过,通常情况下,完成并不意味着"我们已经制造出了一定能为企业增值的产品"。

这个区别很重要,我们应该明白上述两种解释的差异。很多商业团队的工作目的是生产出有明确定义的产品。但是,生产出产品并不代表成功。仅仅生产了一个产品并不代表这个产品会为我们创造价值。我们如果要谈成功,就要定义好我们追求的目标状态。让我们先把我们期待获得的成功称为"结果"。

比如,我们可能会请供应商帮我们创建一个网站。我们的目标是在网上销售更多的商品。供应商可以创建网站,准时在预算范围内交付网站,甚至使该网站设计美观、方便使用。然而,即使做到了这些,供应商可能仍未实现我们的目标,也就是在网上销售更多的商品。这个网站就是产品,这个项目也可能被认为"已完成";但是,如果"销售更多的产品"这个结果没有实现,那么我们就不能算作成功。

这个道理看似显而易见,但如果你观察绝大多数公司开发数字产品的方式,那么你就会发现,要把这些想法付诸行动非常艰难。其原因在于,绝大多数公司在管理项目时注重的是产出,而不是结果。这意味着绝大多数公司只满足于"完成项目",而不是努力去实现成功。

## 完成与成功

　　公司的目标真的是完成而不是成功吗？如果确实如此,那么为什么会有这种情况？

　　事实证明,在某些情况下,完成和成功是相同的概念,或者说两者有着非常明显且为人所熟知的联系,所以人们容易把这两者当成同一个概念。这种情况在工业生产中经常发生。人们设计制造工业产品的方式让人觉得生产线好像是在吐出一台台特斯拉汽车,你基本可以确定这些车辆的制造会完全按照原有的设计方案进行。而且,基于多年的销售经验,你基本可以确定自己会成功：你卖出的汽车数量和预期相差无几。在这种情况下,管理者往往会认为他们的工作就是完成某种产品的生产制作,这也是完全可以理解的。

　　但是,自从有了软件,"完成制造"和"达到预期效果"之间的关系就越来越不明显了。比如,我们经常会问这个问题：我们重新设计的网站是否真的能鼓励用户进行分享,或者重新设计网站是否会造成意外的结果？如果我们不去创建并测试这个软件系统,那么我们就很难找到问题的答案。此外,与工业生产相比，我们并不是在量产某种产品。相反，我们是在创建一个独立的系统——或是一组相互关联的系统，但以一个完整系统的方式运行——在"真正完成"它之前，我们通常无法得知我们正在制造的产品能否达到预期的效果。

> **明确产出的管理方式**

不确定性以及软件的本质意味着，通过产出来进行项目管理在数字领域并不是一个有效的策略。但是，我们的管理文化和管理工具都是基于产出建立的。我们来研究一个例子，看看企业一般是如何从第三方供应商那里购买软件的。

通常情况下，我们可能会委托一个内部团队来起草一份需求方案说明书。这份以对某个业务问题的分析为基础的需求方案说明书会详细地解释解决方案，并提出一系列的要求——通常就是软件的产品特征——然后要求供应商提交方案。

供应商会基于需求方案说明书提交各自的解决方案，他们通常会详细说明自己计划如何实施解决方案：他们需要花费多长时间，谁会负责实施方案，该方案会花费多少成本，当然还包括为什么他们自己是做这件事的不二人选。

一旦选定了一家供应商，我们就会根据我们提出的要求和供应商承诺的价格与日期来起草合同。在签合同的时候，双方承诺完成的项目是以产出为基础的。供应商会承诺生产出具备某些特征的产品——换句话说，供应商会承诺完成项目——而不会承诺创造出成功的产品。

### ➢ 只关注产出的问题所在

当然，如果你购买的是定制软件，而且你的购买过程如上所述，那么你也许能看到接下来会发生什么：供应商可能无法按照之前的承诺交货。为什么？一位经验丰富的 IT 经理是这么说的："问题在于合同中的规定固定的，"他告诉我们，"双方都在欺骗对方，因为双方都知道问题所在。"因此，当问题的真正本质暴露出来的时候，每个人都不得不调整计划。调整的结果是什么呢？供应商会超时或超出预算完成项目。这位经验丰富的 IT 人士继续说道："项目到最后总会出问题的，而且人们最后不是在忙着解决问题或改进产品，而是在争论谁该来为这一切买单。"

### ➢ 关注产出之外的另一个选择：关注结果

市场营销领域有一句老话说得好：消费者其实并不是想买一个 1/4 英寸的钻头，他们只是想要一个 1/4 英寸的洞。换句话说，他们只关心最后的结果，而不在乎用什么手段。这对管理者而言同样适用：他们不在乎自己如何达到商业目的，他们只想实现目标。

然而，人们如今的生活充斥着形形色色的数字产品和服务，不确定性已经成为一个重要因素，它打破了"1/4英寸的钻头"和"1/4英寸的洞"之间的联系。一些管理者试图通过更加详细周密的计划来解决不确定性问题。这导致人们开始提出详细的要求、起草详细的规格说明文件，但是正如我们理解的那样，这种策略在软件领域中很少起作用。

事实证明，这个道理——我们的计划经常被不确定性打乱，而且试图用周密的计划来应对不确定性是一种错误的做法——是军队指挥官在数百年前（如果不是数千年前）就已经明白的道理。他们创造了一种军事领导方式，这种方式被称作"任务指挥"。严格的军事领导方式会事无巨细地规定军队在战斗中应该完成的事项，而任务指挥方式更加灵活，它允许领导者设立目标，让实际作战的人员负责具体的决策。斯蒂芬·邦吉在《行动的艺术》一书中提出，这种想法最早可以追溯到19世纪的普鲁士军队，当时的军队领导想利用这种领导方式来应对战场上的不确定性。[1]

实现任务指挥的基础是以下三个重要原则，这三个重要原则在领导者的领导过程中起着指导性作用。

- 不要在非必要的情况下进行指挥，也不要在无法预见的情况下制订计划。
- 与每个部门进行沟通，尽可能多地传达高层管理者的意图，以实现目标。
- 确保每个人都拥有一定程度的决策自由。

就我们的目标而言，实现任务指挥意味着我们会通过详细说明我们寻求的结果（我们的意图）来领导我们的团队，允许我们的团队以高度（但并非无限）的自由来追求这个结果，并准备好在需要的时候调整计划。

### ➢ 以结果为导向的管理

来看一个例子，曾经与我们合作过的一个团队就使用了这些原则。2014年，美国主根基金会想要开发一项数字服务，在非营利组织和那些想提供志愿服务的专业人士之间建立联系。你可以把它当作为志愿者设立的婚介服务。主根基金会必须与外部供应商合作，最后它选择了我们公司来负责这个项目。

在我们早期的交流过程中，主根的领导者向我们描述了他们想创建的这个软件系统的性能：志愿者可以通过这个软件登记注册，列出他们的技能；非营利组织可以基于这些技能寻找自己需要的志愿者；这个软件要有一个联络系统以及一个行程安排系统，联络系统能够帮助组织联系志愿者，行程安排系统可以帮助各个参与方安排会议；等等。我们对这个性能要求清单表示担忧。这个清单实在是太长了，尽管每一项内容都看似合理，但我们还是认为，我们可以通过提供其中一部分性能来更快速地创造价值。

为了避开关于软件性能的讨论，我们问道："一个成功的软件系统应该达到什么目标？如果我们必须向自己证明这个软件系统值得投资，那么我们能用什么数据来证明呢？"这些问题已经有了一些明确、具体的答案。首先，该软件系统需要在某一特定日期之前投产运行，当时距离这个日期大概还有 4 个月。主根基金会每年都会参加年度盛典，庆祝软件产业的发展，管理层希望在这个活动中向投资者展示这个软件系统的成功开发。我们问道："什么叫作投产运行？"同样，这个问题也有特定的答案：我们需要有 X 个参与者作为志愿者使用我们的软件系统，需要有 Y 个参与者作为组织使用该软件系统。这项软件服务的意义在于让志愿者和组织对接，然后他们就可以一起做项目了。因此，我们应该完成 Z 组配对，并保证一定比例的配对组合能完成圆满、成功的项目。

这就是我们衡量成功的标准：X 和 Y 个参与者；Z 组配对；一定百分比的已完成项目。（我们其实设定了目标的具体数量，只不过我们在这里使用的是变量。）

随后，我们又问道："如果我们能创建出这样一种软件系统，实现上述目标，但是我们可能不会创建你们的心愿清单里的任何一个性能，这样可以吗？"这是一个更难回答的问题。

负责签署合同的管理者们完全有理由表示担忧：这些人如何保证自己能顺利完成项目？

这是一个高管和经理面临的困境：当他们与合作伙伴谈判时，他们肯定会保护自己的组织。他们需要找到合适的合同语言来确保合作伙伴顺利交付最终产品。然而，合同本身存在一个问题。如果想让合同生效，那么管理者必须通过对产品功能特点的具体描述来保护自己的权益：如果你顺利创造出 A 这个特点，那么我们会支付你数额为 B 的报酬。然而，这种合同语言的确定性是一种不切实际的希望。它只能保证供应商一定会"完成"，也就是保证供应商"一定会顺利创造出某个产品特点"，但它不能保证你在合同里描述的一系列功能特点最终能够助你成功。另外，出于理性的考虑，供应商也在犹豫是否要签署一份合同并承诺一定能实现某个"结果"。因为绝大多数时候，供应商也很难控制所有会导致项目成功或失败的变量。

因此，双方都不得不妥协，一方面保证项目安全"完成"，另一方面在合同里增加限制条款，这些限制条款往往会导致项目失败，而不是创造能孕育成功的自由。

于是，我们和主根基金会签订的合同里不仅包括了一组主根期望拥有的产品性能，而且包括了一组主根期望实现的结果。以下就是我们写入合同的预期结果。

> 该软件系统将（按照以下速度）把志愿者和组织连接起来。它能够帮助志愿者和组织找到对方，顺利进行交流，一起完成项目并且向该软件系统报告项目的成功情况。该软件系统会（按照以下速度）运行，并且在（以下日期之前）实现这些功能。无论在任何时候，倘若该团队一致认为另外一些不同的功能特点比上述特点更有助于实现预期结果，他们也可以选择改变计划。

这样的合同语言其实采用了一种意译的方法——常见的合同应该有更多的法律术语——而这种意译的方法才是这份合同的精髓。这样的让步——把我们认为重要的产品特点列出来，但要明确结果，并事前达成一致，确认结果更加重要——对以结果为导向（而不是以产出为导向）的管理而言是关键所在。

必须承认的是，许多组织在项目融资流程和采购规则方面缺乏灵活性，所以这种合同对某些管理者而言是无法实现的。但正如我们在第三章中所讨论的，有远见的组织正在从内部努力改变这一点。

## ➢ 观察结果

所以，这个项目最后怎么样了？首先，主根基金会的团队认为，让软件系统投产运行是最重要的里程碑事件。该项目原先预计耗时4个月，主根基金会的团队并没有等到4个月之后才发布软件，而是决定尽快发布软件。所以，他们在大约一个月之内就向试点群体开放了软件。他们推出了一项基本简化版的服务，其中的很多功能都不是自动化的。该软件系统中的绝大部分工作都是由系统经理在幕后操作完成的。(《烹饪之光》的团队也采用了同样的方式，我们在第二章提到过这个例子。)

利用最简化可实行产品进行试点服务已经成为企业在发布软件系统时普遍使用的方式。主根的团队明白，如果他们想把这个软件系统规模化，那么他们需要提高该软件系统的自动化程度，但他们也明白，自动化的问题以后再解决也行。提前发布软件可以实现两个目标。第一，提前发布软件可以确保该团队在年度盛典上能够有一定成果展示给投资者看，这是一个极为重要的营销和销售目标。然而，提前发布软件还能够实现第二个更为重要的目标：该团队能够通过这种方式了解到实现软件系统规模化实际需要的产品性能。换句话说，它使该团队能够实现感知与响应的循环过程——与市场进行双向沟通，这种双向沟通能够引导该软件服务未来的发展方向。

比如，根据项目策划者之前的设想，这项服务能够让经验丰富的志愿者在软件上创建自己的个人档案，而组织可以通过浏览志愿者的个人档案找到心仪的志愿者。但事实证明，这个设想显然是错误的。当该团队试图让志愿者创建个人档案时，志愿者对此却漠不关心。该团队意识到，要让系统正常运作，他们必须动员志愿者参与其中，而志愿者需要在软件系统里找到他们感兴趣的项目。为了做到这一点，该软件系统需要提供项目的列表，而不是志愿者的列表。换句话说，该团队需要改变整个系统的结构，因为最初的计划是错误的。

在项目进行到第二个月时，该团队就用修改后的机制重新构建了系统，然后专注于调整这个系统：确定所需业务流程的细节，并开发软件支持这些流程。该团队如何使组织轻松地列出项目名称呢？它如何确保这些项目足以吸引志愿者？志愿者和组织的联络系统究竟能简易到什么程度？会议安排的调度程序又能简易到什么程度？等到为期4个月的项目快结束的时候，该团队的软件系统已经投产运行了3个月，其表现远远超出了最初合同中规定的绩效目标。

## 集中规划与权力下放

这样的项目之所以能够运作，是因为管理者遵循了"任务指挥"的原则。这类项目为团队提供了一个需要实施的策略、一组想要实现的结果，以及一系列限制条件，然后给予了团队利用第一手资料解决问题的自由权。在这个案例中，主根基金会追求的策略是利用互联网的力量，将该组织的影响力提高10倍。该项目的策略限制也很明确：投资者已经付钱给该团队，让他们创建一个网上配对服务。不管该团队做了什么，他们都必须创建一个网上配对服务，虽然他们有相当大的自由权，可以自行定义这种服务最后的呈现方式。该团队还面临着一个硬性条件，那就是截止日期：该软件系统必须在未来4个月后的某个日期之前投产运行。不过，该团队也拥有相当大的自由权来决定"投产运行"的定义。

这种项目领导方式并不常见，我们更常在创业团队或者小型组织中看到这种领导方式。的确，主根基金会的这个项目是由一个小团队完成的，他们几乎不需要和其他人协作。想要把这种方式规模化，让多个团队以及规模更大的组织采用这种方式，会是一个困难且敏感的问题。组织可能需要在集中规划和权力下放之间找到一个平衡点，才能解决这个问题。

现代社会有太多集中规划失败的案例。应该运送多少面包到这个城镇？应该给这个工厂分配多少小麦？如果出现歉收的情况该怎么办？如果存储设备着火怎么办？如果这个地区的人们吃的是大米怎么办？

与集中规划相反的是权力下放。分权的极端体现是无政府状态、合弄制这样的体系，甚至在某些人眼中，敏捷软件开发也是分权的极端体现。

敏捷方法确实非常重视管理层允许小的、平等的团队自主做决策。在小范围内，这种做法与无政府状态等体系非常相似，并且非常具有包容性。但是，无政府状态和合弄制主张扩大规模；合弄制的倡导者认为，你可以在不采用传统层级制度的情况下运行大型组织。然而，敏捷方法直到现在都没有做过这样的声明。有人认为，敏捷方法通常会忽略整个组织层面的问题，只关注团队层面的问题。对此，技术顾问丹·诺斯给出了很好的解释。在2013年的一次会议讲话上，诺斯做出了如下描述。

敏捷方法不适合规模化。瞧，我是这样认为的。事实上，在过去的10年里，人们一直不断地告诉我这件事情，而我一直拒绝相信他们；不过，他们是对的。这是否意味着你不能用敏捷方法完成大规模的项目？事实完全不是这样的。

但是，要想实现规模化，你还需要一些别的东西，一些本质上完全不同的东西，一些敏捷宣言和适用于现有团队规模的敏捷方法都未曾提到的东西。[2]

## 项目和组合层面上的管理

在主根基金会的案例中，你可以看到单个团队是如何利用敏捷方法接手一个项目的。但是，如果我们真的想创建敏捷组织，那么我们不仅需要思考如何将敏捷性应用在团队层面上，而且需要思考如何将其应用在团队层面以上的另外两个层面上。其一是项目层面：两个或多个团队为了实现一个共同的目标相互协作。其二是组合层面：一个组织中所有工作的集合。

最近几年，敏捷方法已经从一场狂热的运动转变成了一种主流的工作方式。（惠普公司最近委托发布的一份报告估计，在大型计算机行业中，有超过90%的组织要么以敏捷方法为主要工作方式，要么正在大量使用敏捷方法。）[3] 随着敏捷方法变成主流，全世界的组织都开始寻找将敏捷方法规模化的解决方案。这是因为，正如诺斯所说，敏捷方法本质上是一种"以团队为单位"的工作方式，而大型组织需要一个体系来协调多个团队的工作。

协调工作的方式有很多种，其中比较受欢迎的是规模化敏捷框架（SAFe）。我们从这个名称就可以看出，这种方式可以给管理者带来一定程度上的安慰。毕竟，一个大型组织完全由自我领导的团队构成，这对管理者而言是一个很可怕的想法。这听起来很像无政府状态。

规模化敏捷框架是指将大项目分解成多个小项目，再把这些分解后的小项目分配给各个团队，并将责任分配到每个团队，以确保每个团队都能完成合约规定的工作。这种方式的问题在于它太注重细节，忽视了不确定性的影响。规模化敏捷框架会导致团队弃用感知与响应方式，转而选择集中规划方式。实际上，这种框架会使一个敏捷团队沦为生产团队：管理者告知他们一系列确定的要求，期望他们从流水线终端生产出特定的产品。这种方式非常适合确定性高的工作，但它会限制敏捷团队的能力，使他们无法在发展过程中不断从反馈中学习。此外，我们之前也提过，团队正是通过从反馈中学习，才能在这个充满不确定性的环境中找到航行的方向。

我们看到很多组织并没有努力把敏捷方法融入命令与控制

框架,而是采用了更符合任务指挥原则的协调方法——这些方法不再对产出做规划,而是更注重结果管理。这些方法采用不同的策略来协调大型团队的工作,但它们都倾向于创建我们所谓的"以结果为导向的蓝图"。

## 使用以结果为导向的蓝图

以结果为导向的蓝图有很多种形式,我们会在后面介绍几种。在这之前,你不妨先看一下这些蓝图中的关键因素。以结果为导向的蓝图之所以有用,是因为它们能够帮助多个团队共同执行一项任务命令。这些蓝图的作用是从上到下传达一连串关键的因素,这些因素在我们领导团队工作时是必不可少的。

- 战略意图("我们想把该组织的影响力提高 10 倍")
- 战略的限制条件(通过创建一项在 X 日期交付的网络配对服务,我们可以做成这件事)
- 成功的定义(这项服务会以 X 的速度实现配对)

如果实施得当,以结果为导向的蓝图可以帮助组织实现团队间的密切合作,这对任务指挥领导方式而言具有关键性作用。

> **自下而上与自上而下的沟通**

任务指挥有一个关键因素,其重要性已经超过了被传达的内容。这个关键因素就是传达方式。人们必须确保组织上上下下都知道命令的内容;换句话说,沟通和对话的过程必须是双向的,而且是持续进行的,不能间断。正是这种不间断的沟通过程才能确保团队实现紧密合作。

在编写此书的调研过程中,我们了解到一家公司正在实施这些方法,并将它们作为该公司年度计划的一部分。那是美国的一家电子商务初创公司,也是在公司规模上使用敏捷方法的最成功的实践者之一。它不是一个按照惯例使用敏捷方法的公司。确切地说,它体现了许多以敏捷为核心的思想和实践。除此之外,它还是我们现在所谓的"持续部署"的早期实践者——持续部署是指企业不再每隔几个月或几个星期发布一次软件,而是持续不断地发布新版本的软件。(我们在第一章已经谈过这个问题了。亚马逊能够每隔11.6秒发布一次新版软件。)这些年来,该企业已经形成了一种以试验、A/B测试和软件优化为基础的文化。

该公司实施的敏捷方法使其能够通过试验性方式发布新软件。举个例子,假设该公司想要重新设计其网站中的一个关于产品的页面,那么它不需要猜测什么样的页面会表现更好,它只需要快速设计并创建该网页的多种版本，将它们投放到网站上，引导一小部分被选中的用户试用不同版本的网页界面，然后测试哪个版本的页面表现最佳就可以了。

这种方法以试验为基础，由于既容易操作又能产生很好的效果，它很快成了该公司企业文化中的一个核心要素。团队采用这种方式工作是十分正常的，他们可以通过接连不断的测试来持续优化自己的工作成果。但一位经理告诉我们，这种方式曾导致了一个问题："我们过于关注速效方案，而忽略了项目的建设。"看起来，选择什么进行测试成了问题所在，或者更概括地说，这种方法的关键在于明确团队成员的关注点应该放在哪里。当公司规模相对较小时，通过非正式手段让各个团队齐心合作是比较容易的。但是，随着公司规模越来越大，我们需要进行更多的团队协调工作。

到2015年末，这家公司的员工已经超过了500人，其年收入达到了数亿美元。协调不足逐渐成了该公司的首要问题。公司的高管知道，他们迫切需要为各个团队创造更多的合作机会，从而更好地协调企业活动。为了解决这个问题，高管们开始实施自上而下与自下而上相结合的企业规划机制，以便为来年的企业发展绘制蓝图。

> **描绘一幅以结果为导向的蓝图**

要想描绘一幅以结果为导向的蓝图,企业的高层领导者需要列举企业来年的发展战略主题。这些主题将是企业自上而下的指导方针——它们就像船舵一样,促使企业上上下下齐心合作。战略是一种选择,它既包括你选择不做的事情,也包括你选择要做的事情。之前的一段时间,该公司把重点都放在了某一部分消费者身上;今年,高管们选择将关注点转向另一部分消费者,因为他们觉得公司之前未能给这部分消费者提供周到的服务。由于这次转变,高管们想出了许多较小的主题,包括开始关注用户使用移动设备的体验。(斯蒂芬·邦吉指出,一个好的战略宣言在局外人看来总是"看似平庸"的。这种宣言的真正价值在于领导者通过不断宣扬这种战略所促成的团队合作。)[4]

在高管准备好这些自上而下传达的战略主题之后,各个实践团队需要列出具体的举措以描述来年的工作重点。这就是整个沟通过程中自下而上的部分。提出这些举措的是奋斗在企业前线的员工、最了解产品的各职能团队的成员,以及顾客和用户。这些人才是最了解情况的专家,他们提供的想法才最贴合实际。这些团队还需要预估他们提出的举措会带来哪些具体可估量的商业结果。

接着，作为中层管理人员的产品负责人需要明白如何协调工作——换句话说，就是如何绘制来年的工作蓝图。各产品团队的负责人要聚在一起，整理所有计划完成的项目的清单。随后，根据每个项目支持的主题，他们会将这些举措进行分类，再依据每项举措可能为企业做出的贡献大小进行排序。也就是说，他们会将每项举措与他们认为该项举措可能带来的结果联系起来，然后阐明这些结果将如何支持领导者提出的战略目标。他们还会评估完成每项举措所需要的人数，并将评估结果发送给财务专家。然后，财务专家会把这个计划与他们记录的一些主要财务指标关联起来，看看这个计划是否会影响财务结果。在这一步完成之后，该计划就会被送回给高管以供其审查。

高管们需要在审阅这份计划的时候对其进行编辑审核。团队只是写完了计划书，这并不代表企业做好了实施计划的准备。当高管们审阅计划书时，他们可能意识到自己漏掉了向市场承诺的一个重要的产品特性，于是他们会在计划书中加上这一点。他们会在计划书中做一些改动，将清单上的一些内容划去，然后才准备实施这份蓝图。

这个例子介绍了以结果为导向的蓝图。这种蓝图巧妙地把你计划完成的工作和你认为该工作可能导致的结果联系了起来，也把你寻求的结果与你一直想实现的战略目标结合了起来。它创造了一个连贯的故事，把企业的领导层和企业前线的工作人员联系在了一起。

该公司的一位经理告诉我们："最好的公司都有'产品编辑者'。他们有故事。你看看苹果公司的产品编辑者，他们就能够叙述一个故事。通过采用这种方法，我们也会有故事。作为一个产品主管，我太喜欢这种感觉了。这种方法给了我方向感。"

> **文化的影响**

对这个新公司来说，这种制订计划的过程是新鲜的，它与该公司前一年和前两年的计划过程都不同。改变是很正常的，但是这并不意味着每个人都会喜欢改变。大部分经理觉得有清晰的目标和一定程度的灵活性来实行各项举措是一件好事，有些产品团队也很喜欢有明确界定的空间："如果某项举措不在我们的蓝图上，那么我们就没必要关注那项举措。"当然，也会有一些人产生负面情绪。人们不喜欢提出一些无法达标的举措。不过，总的来说，这种计划过程与之前的规划工作相比，还是有非常明显的进步的。

让我们来探讨一下这种计划过程大获成功的主要因素，同时来看看该过程是如何帮助这家公司实现感知与响应的。

- 战略被表达为意图

  领导者并没有直接展示一份详细的计划书,而是在确定了发展方向后,让真正靠近客户的工作人员来完善计划书的细节部分。

- 态势感知决定策略

  员工深刻了解真实世界的情况、他们要解决的问题,以及什么才是现实。他们能够选择最合适的策略来完成任务。

- 对结果做出承诺,而不是对产品特性做出承诺

  领导者应该将各项举措与结果而不是产品的某种特性联系在一起,从而使员工拥有更高的灵活性,选择最好的策略来达成预期的结果。

- 从下到上和从上到下的混合计划过程可以形成一种平衡状态

  前几年,人们发现从下到上的计划过程会使企业团队协作不足,而从上到下的计划过程又会使企业团队缺乏灵活性。只有结合使用从下到上和从上到下的计划过程,企业才能保持健康平衡的状态。

## ➢ GOV.UK 如何使用以结果为导向的蓝图

GOV.UK（英国政府官方网站）在绘制蓝图的过程中就采用了这种从下往上和从上往下相结合的方式。负责该网站的团队起到了先锋作用，致力于重塑英国政府的网络影响力。GOV.UK 在这方面进行的工作，对我们来说是一个非常难得的学习机会。由于该项目一直坚持开放的承诺，我们有幸能够研究现代的数字化手段。

在谈到绘制蓝图的过程时，GDS 的一位产品负责人尼尔·威廉姆斯说道："对一个需要多团队合作完成的大型产品而言，在绘制产品蓝图的过程中的最大挑战大概就是在业务目标和各团队的工作重点之间寻求适当的平衡。"[5]

为了促进团队协作并寻求平衡状态，GDS 采用了它所谓的"使命宣言"。使命宣言会让每个团队了解大致的工作方向，掌握解决问题的界限。使命宣言会为每个团队指明战略发展方向，为他们提供必须遵守的指导方针，让他们了解限制条件，并给这些团队一定的自主权，允许他们寻找解决问题的最佳办法。使命宣言的作用与前文的电子商务初创公司在绘制蓝图过程中用到的战略目标和结果的作用相似。通过使命宣言促使各团队齐心协力，GOV.UK 的蓝图是另一种结果导向的蓝图。

这种蓝图还需要实现一种平衡，一方面要做出具体的承诺，另一方面要在交付日期和产品特性方面给予团队成员充分的灵活性。换句话说，它既要清楚地表达出每个团队计划做什么，也要允许团队在不断学习的过程中修改完善计划。

该团队在绘制蓝图时综合使用了多种策略。首先，团队成员非常认真地对待承诺期限。其次，他们试图减少硬性承诺，除非涉及的是近期的工作。[6]他们将未来的工作分成了三类。对于"当前的"工作，也就是未来一个月内要完成的工作，他们会针对交付物做出相对可靠的承诺。接着是"计划要做的"工作，这部分工作离正式开始还有一到三个月的时间，目前尚在审核过程中，不一定会被批准实行。最后就是长期的工作，它们被称为"优先考虑"的工作，这类工作还处在设想阶段。[7]

你应该可以从这种方法中看出任务指挥的一条核心原则：不要下达不必要的命令，或为不可预知的未来制订计划。

对于计划和团队协作，研究精益方法的作家唐纳德·赖纳特森说道："现代军队并不是为了衡量将士们的顺从程度而制订计划，计划是保持将士们上下齐心的团队精神的工具。"[8]的确，威廉姆斯告诉我们，GOV.UK 的目标是"各团队既能齐心协力，又能独立自主地完成好各自的工作"。

GOV.UK 关于其项目的公开报告显示了协作的重要性。GOV.UK 的蓝图对内部团队、利益相关者和公众都是开放的。

它的团队使用了一系列工具，让自己的蓝图随处可见：办公室里巨大的实体海报墙，开放网站上的一个活跃的官方博客，以及一个名为 Trello 的工具中的基于网络的蓝图。[9] 该团队的这些努力都是为了增强团队、利益相关者与公众之间的协作。

## ➤ 以客户为中心制订计划

西太平洋银行是澳大利亚最古老的银行（实际上也是最古老的公司），它的客户体验团队一直在运用顾客体验地图来帮助多个团队协作完成各种举措和项目。

顾客体验地图是一种大型图表，西太平洋银行通常采用的是由多张纸构成的墙壁大小的图表，它描绘了顾客与企业互动的整个旅程。比如，顾客获取信用卡的过程是什么样的？顾客如何获得住房贷款？这样的业务流程非常复杂，需要多个团队共同参与完成。这涉及了多个银行系统，既包括银行网站和银行的移动应用程序，也包括各个分行、银行呼叫中心和银行后台所使用的内部系统。如果创造并使用这些系统的银行工作人员想为顾客提供满意的服务，那么他们必须齐心协力。比顾客体验地图更宏观的是"项目设计墙"，它旨在让所有的团队齐心协力、团结合作，顾客体验地图是其中的重点。

该客户体验团队其实为每种流程创建了两张体验地图，并将这两张地图合起来贴在了墙上。第一张地图是所谓的"现状地图",描绘的是顾客当前的行动方向和路线。实际上,现状地图的意义在于指出当前服务的痛点、瓶颈和低效率环节。

随后,该团队与众多利益相关者合作,绘制出了第二个版本的地图——展望未来的愿景地图。这是银行和顾客对美好未来的憧憬,他们将克服目前的困难,创造更多的价值。比如,该团队最近刚完成了一幅愿景地图,描绘了银行将如何改善为顾客开通信用卡的流程:在现状地图中,顾客需要等待5天或更长的时间才能完成这个流程。在愿景地图中,整个流程只需要5分钟。顾客得到的好处显而易见,而实现这个愿景带给银行的好处也很重要:优化后的开卡流程会给银行带来更多的顾客,并促使顾客激活更多的信用卡、尽早使用信用卡。

> **避免使用以产品特性为导向的蓝图**

西太平洋银行的团队花了一段时间才正确地了解了愿景地图。团队成员必须创造一个引人入胜的故事(这样才能激发员工的兴趣,促进员工之间的团结),但是又不能描绘太多细节。他们也不想太快地把自己限制在自己勾画的蓝图里,以防那些关于具体产品特性的承诺无法兑现。换句话说,他们想为每个团队保留一定的自由行动权——团队拥有决策权,或者至少有参与决策的权利。西太平洋银行客户体验团队的负责人伊恩·缪尔告诉我们:"问题的关键在于,怎么在这两件事情之间寻求适当的平衡。你在描述关于未来的故事,而你无法掌握所有你想获得的信息。"

把两张顾客体验地图贴在设计墙上之后,就要开始计划如何实现愿景了。此时,领导者需要把最终交付产品的各个团队叫到这个房间中,让他们检查一下这份地图。这些团队参与了绘制地图的过程,下一步就是搞清楚如何把想象变成现实。这一步既要求各团队学会自我指导,也需要各团队通力合作。客户体验经理丹·史密斯说道:"我告诉他们,'这不是我一个人的愿景。你们觉得,我们应该怎么做才能把服务做得更好'。"

这时候,团队经理们会在地图上找到属于自己团队工作范围的内容,并宣布这部分工作归他们团队所有。比如,办理信用卡的地图上标明,当前存在的一个困难是顾客需要亲自去银行的分行来证明自己的身份。愿景地图显示西太平洋银行有能力通过手机帮助顾客证明身份,顾客不需要亲自前往分行办理该项业务。信用卡开卡服务这个功能看似简单,实际上银行的多个团队和部门需要共同努力才能完成它。

史密斯先生告诉我们,其实真正创造价值的不是顾客体验地图,不是设计墙,也不是任何一个人工绘制的蓝图。相反,这些人工绘制图只是为整个过程的重点服务的背景，整个过程中最重要的部分就是各个团队聚在设计墙前面一起讨论方案的场景。正是通过这些充满意义的会面和研究讨论，各个团队才想出了各种解决方案。与那种几个团队坐在会议室里回顾别人的演讲情况或通过几天连发20封电子邮件来讨论决策的方式相比，在设计墙面前进行多团队会面和讨论更能够创造价值。正因为有了设计墙作为团队协作的背景，各个团队才能够向着同一个目标共同努力。

> **解决客户体验负债：迭代与增量**

西太平洋银行利用以客户为中心的体验地图来绘制企业蓝图，就是把客户体验作为促进团队协同合作的一个关键因素。这与我们在本章谈到的其他例子有些不同。其他团队组织合作的方式更关注商业结果。不过，围绕用户体验组织团队是有好处的，特别是在这种做法符合企业的战略目标时。对西太平洋银行来说，改善客户体验确实是其战略目标之一。

要在使用敏捷方法的环境中创造良好的用户体验是一件很难的事。一些组织在采用了敏捷方法后，发现了一件非常令人沮丧的事情，即客户体验负债或设计负债。与所谓的技术负债类似（技术负债是一个工程术语，指的是技术团队在设计时，从短期效应的角度选择了一个易于实现的方案,但它不是最优方案;从长远来看,这种方案会带来更消极的影响,这就是开发团队的负债),客户体验负债也来自设计中出现的小问题,随着问题越来越多,客户体验的质量就会下降。这些设计中的小问题可能是一句令人困惑的产品描述或一个额外的弹出窗口。

为了解决客户体验负债,程序设计员希望自己能够重新回到之前的步骤,通过反复检查、重新研究之前的产品特性来改进之前的方案。但是,项目负责人的绩效评定依据是他们成功发布的产品功能特性的数量,所以这种反复检查的过程可能会让他感到有压力,不敢轻易进入下一个产品功能的开发阶段。缪尔认为,这种选择本身并没有对错。他告诉我们:"这只是一种价值权衡。"他认为,顾客体验地图让这种选择更加可视化了。团队可以看着顾客体验地图,了解还有哪些工作没有完成,看看顾客的哪个痛点需要解决(甚至需要再次处理),然后展望未来,做出选择。

缪尔告诉我们,顾客体验地图帮助企业清除了他所说的"翻译差距"。这种差距是指领导者想为客户做的事情与他们实际做的事情之间的差距。缪尔认为,这种差距不是人们故意造成的。"我从没有见过组织里有哪个人会跟我说,'我不想让顾客好过'。"确切地说,造成这种差距的原因在于人与人之间表达不清且缺乏共同的价值观念。斯蒂芬·邦吉把这种现象称为"协同差距",并将其定义为"我们希望别人做的事情和别人实际做的事情之间的差距"[10]。缪尔指出,如果领导者告诉下属要以顾客为中心,那么这种差距就可以缩小,因为人们在听到领导者传达的信息后,能够将其用于指导行动。

换句话说,协同始于那些熟悉企业价值观的领导者,但是要培养协同合作的企业,人们还需要做大量工作。而且,领导者使用的计划工具必须能够强化他们推崇的价值观念。这就是为什么一张好的蓝图必须把以下三个因素联系起来:员工目前正在做的工作;该工作产生的结果;这些结果如何帮助企业实现其战略目标。

### ➢ 以人为本的视角的价值

顾客体验地图很强大的一点在于,它能够使多个团队为一个愿景共同努力奋斗。这个地图能够从顾客的角度描述企业的愿景,而这个角度能够贯穿整个组织的发展过程。它贯穿了多个角色、多个部门、多个业务渠道等。它使整个组织能够跳出自身的局限性,思考如何把整个体系的不同部分紧密结合起来。

莱萨·赖歇尔特是澳大利亚政府数字转型办公室的服务设计和用户研究部门的负责人。她告诉我们,她在工作的过程中发现，这种以用户为中心的计划方式同时涉及多个政府部门的现象是很常见的。她说："当你面对的是三个级别的政府（联邦政府、州政府和地方政府）以及许多事务处时，你会发现政府计划很容易同时涉及 20、30 或 40 个政府部门。"这导致各个部门之间的协作问题越来越突出，但是，为了给客户提供有价值的服务，这种协同合作是非常重要的。她说："在某人 65 岁时给他一张能够享受医疗保健服务折扣的优惠卡，与帮助他过渡到新的生命阶段是有区别的。"

## 规划产品组合

比项目管理高一个级别的是产品组合管理。大型企业必须学会考虑对整个产品组合的投资。在这种情况下，企业该如何运用感知与响应方式呢？

我们先从一个毋庸置疑的观点谈起：不存在一种能够确保每个产品都大获成功的方式。每个项目都是不同的，每个团队都是不同的，适合当前项目的方式不一定适合下一个项目。即便如此，我们依旧可以利用一些模式来判断哪些项目能够从哪些方式中受益，我们可以利用这些模式来选择合适的方式。

> **管理不确定性和产品生命周期**

正如前文所说,采用感知与响应方式主要是为了应对不确定性。与产品组合有关的不确定因素一般可以分为以下三种。

- 与客户有关的不确定因素
  客户是否有需求?我们的解决方案能否满足客户的需求?
- 与可持续性有关的不确定因素
  这项业务是否可以持续?其市场够大吗?我们有没有合适的技术、基础设施和工序,既能确保服务顺利交付,也能确保企业赢利?
- 与企业增长有关的不确定因素
  我们如何把企业做强做大?

此外,这些不确定因素或多或少与企业的生命周期有关。一些企业会直接利用这三种不确定因素进行规划。比如,Intuit 公司是一家位于硅谷的财务软件服务公司,该公司的团队将上述问题引入了麦肯锡咨询公司著名的三层面模型,并利用这个模型进行产品组合管理。

三层面模型是一个管理企业增长的框架模型。梅尔达德·巴洛海、斯蒂芬·科利和戴维·怀特在《增长炼金术》一书中提出了这个模型。该书提到，公司的增长应该通过以下三个时间范围来理解：短期、中期和长期。[11]第一个层面是企业的短期发展机会。企业的核心业务就在这个层面，它应当拓展核心业务，提高工作效率。第二个层面是新兴业务。这些新兴业务必须得到鼓励和支持，某些新兴业务在中期可能会成为企业的核心业务。第三个层面是企业的长期发展。在这个层面，企业会不断发现新的机会，做出新的选择判断；有些新的尝试可能会被扼杀在摇篮中，有些可能会因为得到了企业的支持而不断发展。该书的多位作者都提到，不管在任何时候，企业的产品组合都必须包括这三个层面的项目。

Intuit 的团队将三种不确定性映射到了这个三层面模型上。

- 在层面三，他们问的是与客户有关的问题：客户是否有需求？我们能否想出一个解决方案来满足客户的需求？人们会购买我们的方案吗？最重要的是，人们会喜欢我们的方案吗？
- 在层面二，他们会从商业可行性的角度评估从层面三中得到的想法：我们能否利用此方案赚到足够的钱，使企业赢利？这个方案是否有效，能否重复使用？我们能否找到证据证明我们能够将此方案越做越大，让投资物超所值？

- 至于层面一，那些已经受到了顾客青睐并且能够独立发展的企业应该把关注点放在企业的增长和效益上：我们能做什么来扩大企业规模，增加其赢利能力呢？

在产品组合管理方面要求严格的企业意识到了从风险、战略协调性和产品生命周期阶段等角度维持产品组合平衡的重要性。Intuit 公司将预算分配到了三个层面的各个项目中，以此维持投资的平衡，其中 10% 的预算分配给了层面三的项目，30% 的预算分给了层面二的项目，60% 的预算分给了层面一的项目。[12]

## ➢ 为产品组合设定财务目标

Intuit 公司教会我们的最后一点对于实现整个产品组合的良好规划至关重要，因为它体现了目标管理预算的重要性。目标不同意味着评价标准不同，由此可见，使用不同的标准管理预算是十分重要的。对此，Intuit 公司的前副总裁休·莫洛齐写道："企业常犯的一个错误就是用标准业务指标——比如收入、利润、获取客户的情况——来衡量所有产品的发展现状，而不去考虑这些产品处于生命周期的哪个阶段。利用三层面模型进行规划可以帮助企业避免这个错误，它可以帮助企业在产品的不同阶段对其投资回报有一个合理的期望。"[13]

Intuit公司为其产品组合中的不同层面的项目设定了不同的目标。对于当前的核心业务，它所采用的衡量指标跟我们预计的差不多，也就是收入、赢利能力、增长和效益。层面二的新兴业务的情况就不同了。Intuit公司希望这些业务先站稳脚跟，所以抢占市场份额并快速增长比赢利能力更重要。最后，对于层面三的业务，企业完全可以对真实的财务数据置之不理。这些团队需要给自己的商业模式创建一个令人信服的假设，但他们不需要证明它。确切地说，他们需要找到Intuit公司所谓的"客户喜爱的产品"，也就是说，他们在寻找市场中的问题和解决该问题的方案。

## ➢ 用感知与响应模式管理产品组合

上述所有内容都可以作为以下问题的背景：我们如何在规划产品组合这一场景中理解感知与响应模式？这个问题的关键在于如何运用感知与响应模式应对每一种不确定因素。早期的批准工作，也就是关于是否批准层面三的项目的工作，要求企业确认顾客是否喜爱某个产品，这一阶段的不确定性是最大的。企业的任何部门在遇到这样的工作时，都会面临不确定性：谁是目标客户？客户想要解决什么样的问题？我们能够提供什么解决方案？我们该如何赢利？这是所有初创公司都要面对的难题。

企业对于层面二项目的态度更加坚定。也许你已经找到了一项能够服务于少数顾客的业务。此时，你需要证明这项业务能够为企业赢利，所以你在这个阶段的试验就是为了让这种商业模式步入正轨，开始赢利。但是，处于这个发展阶段的业务往往是最脆弱的。许多项目的构思最早都起源于层面三，并且在层面三阶段被孵化、成长。当这些项目进入层面二阶段时，它们就不再受到研发小组或创新实验室的保护。正如《跨越鸿沟》的作者、组织理论学家杰弗里·摩尔所言，这些新推出的业务还是"孩子"。[14]然而，很多时候，人们会用衡量层面一的核心业务的运营指标来衡量这些还处在"孩童时期"的新业务。摩尔认为这是错误的做法。企业应该先让这些新业务站稳脚跟，然后让它们慢慢发展为核心业务，为企业赢利。这部分的关键在于寻求增长，企业应该尝试使用各种促进增长的策略。怎样才能吸引更多的客户办理我们的业务？什么叫作停止使用？我们的服务是否恰到好处，是否需要新增内容或做出调整？我们的市场定位准确吗？我们是否需要吸引相邻的客户群体？

对于层面一的核心业务，我们仍然可以使用感知与响应方式，而企业也对这些业务有着更加坚定的态度：此时，企业需要提高参与度,为客户交付更多的价值,并从客户那里得到更多的价值作为回报。我们还需要增加哪些产品功能特性?在不影响产品质量的前提下,我们可以在哪些方面节约成本?

所以,关键在于,当你正在思考如何为各个团队分配工作并评判他们的表现时,你必须记住,没有一套固定的方法可以判定团队的表现。更确切地说,领导者必须考虑到该业务处在产品生命周期的哪个阶段,以及该团队面临着哪些不确定因素。只有这样,企业的规划者才能为每个团队分配合适的任务。

## 感知与响应模式带给组织的启示

- ✓ 改变计划方式和工作分配方式是感知与响应模式最重要的部分之一。
- ✓ 领导者为各个团队创造了使用感知与响应模式的条件。各个团队可以尽可能敏捷灵活地发挥潜能。但是,如果领导者给团队设定的条件是错误的——他们的行动自由没有得到保障、他们的目标没有被正确地定义、他们未能清楚地了解限制条件——那么对于很多事情，他们都将无能为力。

√ 不确定性会改变你制订计划的方式。计划必须以所有团队努力奋斗的结果为导向。

√ 这种新的计划方式会影响到各个团队；它会影响到各个项目，所有团队必须采用新的方法协同工作；它也会影响到企业的产品组合，企业必须意识到，处于产品周期不同阶段的业务能够带来的结果是不同的。

√ 用任务指挥的原则领导团队。领导者应当要求团队实现某个结果，而不是要求他们产出某个特定的产品。

√ 利用以结果为导向的蓝图来协调多个团队（多个项目）的合作。

√ 协同战略比以往任何时候都重要，协同战略的实施需要良好的沟通过程，包括从上到下的沟通策略、从下到上的见解和双向的沟通。

√ 在规划产品组合时，你可以利用预期结果在产品组合中创建符合产品生命周期的不同阶段的目标。

# 第六章
# 组织协作

数字化创新的核心力量是小型的多功能团队。这种团队就是为现代软件发展提供动力的发动机，也是像分子一样的最小的有效单位。工业生产需要流水线，而数字化产品的开发则越来越需要这样的小团队。

前文描述了许多关于如何运营这些团队的内容，这些内容在硅谷和其他制造软件的地方早已得到了广泛的应用。但是，在讲下一部分内容之前，我们还是需要花点儿时间来看看这种小团队有何不同寻常之处。

## 英雄神话

在软件领域，有两个形成了鲜明对比的英雄故事。第一个就是独行黑客。通常想到黑客时，我们的脑海里浮现的大概是一个 20 多岁、穿着 T 恤衫的男子，他睡眼蒙眬地喝着含有咖啡因的饮料，在一个黑暗的房间里敲击着键盘；他整晚都在写代码，当他在白天出现的时候，他带给人们的是一个令人惊叹的新发明。虽然这样的人确实存在，而且很多软件确实是在这种情况下开发出来的，但是这样独来独往的天才黑客还是比较适合作为故事供大家想象。如果把这样的黑客作为模仿追求的榜样，那就有点儿不太合适了。创造力的形式和风格多种多样，但是这种独来独往、充满创造力的计算机天才之所以能够激发我们的想象力，正是因为他们罕见、稀少，并且难以捉摸。

我们听到的另外一个故事就是在车库创业的故事。在这个故事中，一小群人——2 个、3 个、4 个或者 5 个不合群的人——为了追求一个共同的想法聚在了一起。他们可以用不同的技能为这个团队做出贡献——比如将史蒂夫·乔布斯的远见和销售能力与斯蒂夫·沃兹尼亚克在技术方面的才华结合起来。这些人组建了一支强大的团队，这支团队足以创立下一个市值亿万美元的公司。

第二个故事更贴近现实。它更接近我们了解到的优秀软件的开发过程。优秀的软件通常由多个小团队开发。这些小团队为了同样的目标协同工作，每个团队以自己独特的技能为整个项目做贡献，最终研发出一款优秀的软件。的确，第二个故事并没有谈及太多关于软件工程的问题——虽然大家都知道这些团队的软件开发技能是一种必备要求。确切地说，第二个故事讲的是企业家精神，讲的是追求梦想，讲的是犯错、学习、改正并最终实现突破的过程。

看起来，开发数字产品的动力来源就是这种在车库中创业的企业家精神。你通常会发现，这种团队的核心就是一群技能互补的人，他们具备各种开发数字产品或服务所需的技能，能够在与用户进行双向沟通的过程中快速解读其中的深意。这些团队成员一般会扮演以下三个关键角色：技术工程师、产品管理者和产品设计师。这三个角色像是一个三腿凳。负责技术的成员关注产品开发的可行性——团队能够开发出什么产品。负责产品管理的成员关注业务的生存能力——该业务如何持续发展。负责产品设计的成员关注消费者的喜好——团队如何生产出消费者想要的产品。[1]

企业团队成员的角色责任分配取决于不同的商务场景，除了上述三种关键角色，你经常会看到其他角色。比如，新闻网站或内容公司的团队可能需要编辑和作家；零售企业可能需要推销员；业务非常复杂的企业可能需要商业分析师或其他方面的专家。但是，多功能的团队是一切的基础。想让这样的团队正常运作，你必须采用正确的方式来组建它。

## 新型开发方式

2012年，电子支付公司PayPal任命戴维·马库斯为其新任总裁。2011年，PayPal收购了马库斯创立的公司，他正式加入了PayPal。马库斯认为，PayPal已经变成了效率低下且官僚主义严重的公司，于是他开始对它进行改革。他的目标是使PayPal变得现代化，并且帮助它找回其曾经拥有的企业家精神。他调整了团队人员的分配方式，限制了跨办公室、跨时区的团队数量。他也对办公空间进行了调整，让所有团队坐在一起，使他们可以在合作氛围浓厚的办公室里工作。他还改变了产品团队的工作方式。原来，这些团队采用的是严格规范的、连续的瀑布式工作方法，马库斯让他们改用另一种更为敏捷灵活的方法。

PayPal采用这种方法推进的一个项目是它的Checkout（结账）业务。当时, Checkout业务占PayPal总收入的75%，大约为该公司提供了35亿美元的收入。马库斯选拔组建了一个小团队，该团队由比尔·斯科特领导，他是从网飞过来的资深技术专家。马库斯给这个团队设定了一个目标，让他们在6周时间内重新设计 PayPal 的 Checkout 业务。

如果你觉得这听起来有点儿过分，那么你是正确的。尤其是考虑到 PayPal 当时的情况，这个目标实在是有点儿强人所难了。2011 年，PayPal 平均需要 180 天开发一个应用程序，也就是 26 周；就算是在一个网络界面做出简单的修改，也需要花费 6 周的时间；修改一个网页的脚本文字需要花费两个月的时间。效率低下的原因有两个。第一，随着时间的推移，PayPal 的技术平台已经变得分散了，所以哪怕只是小小的改动，人们都要耗费很大的精力、做很多重复性的工作。第二，人为操作的过程——设计、批准、开发、测试、再申请批准——耗费时间，而且必须遵照特定的顺序执行。从一个部门到另一个部门的工作接力极其缓慢。

重新开发 Checkout 的项目被称作 Hermes。该项目把产品设计师、产品团队、开发者都召集到了一起。接着，他们开始了每周一次的循环过程：设计、开发、测试和学习。他们不再使用之前的严格按照顺序执行的流程。设计师和开发者共同在白板上描绘产品蓝图，然后各自回到办公桌，把刚刚描绘的内容开发出来。他们把共同开发出的产品交给客户使用以进行测试，观察哪些内容成效显著，哪些内容收效甚微，然后基于他们学习到的信息改进产品。通过与目标客户进行的双向沟通，他们用几天时间开发出了一个能够正常工作的应用程序，并在几周之内完善了这个程序。虽然他们无法在 6 周的时间内交付最终的新版程序——技术系统没办法像人为的过程那样迅速改变——但是他们已经为这场重要的改革开了个好头。这些团队成员都是先锋，他们帮助 PayPal 了解了它究竟需要改变哪些事情，才能找回企业家精神。

如果我们把时间快进到今天，那么你会看到整个 PayPal 公司都在使用这种新的协作方式。所有的项目都是由跨职能团队完成的。这些团队只需要几分钟，就能将新编制的代码放在网站上使用，根本不需要几周的时间。PayPal 为了实行这种方法，已经在企业内部进行了颠覆性的变革——发生改变的不只是企业内部的协作方式，还包括技术堆栈、办公环境、团队任务等。[2]

## 通过协作来试验与学习

为何这种方式对 PayPal 来说至关重要？为何这种方式快速成了企业将数字技术融入自身业务的标准化方式？因为这种协作方式能让各个团队不断学习，不断前进。

在工业模式中，我们按照特定的顺序排列工作步骤，不同的生产单位和不同的专业人员需要分别对产品进行加工、检测。比如，一个汽车底盘需要经过流水线生产，在每个交接点都会有一位专业人员对其进行一系列操作。在数字化时代，随着组织的规模越来越大，我们经常看到这种协作方式被复制到数字产品的开发过程中。

比如，对大型数字营销公司来说，为客户开发网站通常需要多个职能部门按顺序参与合作。客户部和懂技术的销售人员负责审查和销售产品或服务，从而提前确定未来的工作范围。在项目开始时，战略分析人员的工作职责是制定项目战略，并且不断完善工作方式。在通常情况下，下一步就轮到研究人员出马了，他们需要和客户合作，进行案头研究。他们会把所有的研究成果整理成一篇报告交给客户，并交给公司的设计团队。研究人员和战略分析人员在此项目中的工作就告一段落了，于是他们转而进行其他项目的工作，这个项目就由设计团队接手。设计团队收到研究人员整理的研究报告，开始绘制线框图——这是设计网站的过程——然后将完成的工作交给另一个团队的专业人员，由其完成网站的平面造型设计。在这部分工作完成之后，设计出的成品将被移交给负责创建网站的技术人员。最后，所有的工作成果都会被交给质量评价人员——负责品质保证的人员——这些专业人员会提出一个测试方案，检测该网站是否存在故障。在这些工作都完成后，该网站会被交给运营团队，该团队负责将其上传至产品服务器，并正式推行该网站。（外包工程技术公司也经常使用这个流程的某个版本，尽管早期阶段主要关注的是产品是否符合要求，而不是策略，而且网站的设计工作更像是技术设计以及系统架构的创建。）

大型公司的经济状况导致它们不得不实行这种工作方式。对一家大型公司来说，人员利用率是关键的衡量标准，所以大型组织会尽可能地使"每个资源"的可计费工时最大化。在制定战略的过程中，战略分析人员是在全职工作的，而其他专业人员此时则处于空闲状态。因此，客户不想为这些空闲的团队成员支付薪酬是完全可以理解的。也就是说，除非公司能够找到方法将这些空闲员工的工时加入计费，否则公司就得为这些空闲的员工自掏腰包。其结果就是，这些员工在进入某一项目中他们负责的工作阶段之前，都被指派到了别的项目中。

这种做法确实合乎情理，却也错得离谱。让我们来看看它错误的原因。

> **管理价值与利用率**

这里的第一个问题是，最初的方式——客户和销售团队设想的方式——很可能只是部分正确的，这就意味着它也是部分错误的。项目人员需要找到一个办法来修正这种方式，否则在项目初期犯下的错误将会日趋严重。如果企业的决策和信息传递都只是单向的——从上到下——那么你永远也没有机会改正自己的错误。

这种项目流程的第二个问题是，你在每个工作阶段所创造的知识在每个交接点都会丢失。知识与汽车底盘不同，它不会像汽车底盘一样在流水线上完整地顺着传送带滑到下一个交接点。确切地说，知识会在我们的脑海里生根发芽。知识是散乱的，它永远不可能完完整整地从一个人的脑海中传到另一个人的脑海中。不管我们用多么完美的方式来记录我们学到的知识，这些知识只会留在我们的脑海中，我们用文件形式记录的知识会被传递者或接收者以错误的方式解读或扭曲。

这一切最终构成了一个简单却让人十分头疼的问题：最后开发出错误产品的可能性很高。所以，这种项目管理方式的效率很高，但效果不好；其利用率很高，但是最后的产出没有价值。

## ➢ 组建有自我满足能力的团队

工业模式的替代方案就是创建小型的、有自我满足能力的团队，并让这些团队采用感知与响应模式。此方案赋予了这些团队独立的自主权，以便他们努力完成指定的任务——发现并创造价值。独立自主的团队能够充分利用感知与响应模式，并且能够创造和参与企业与市场的双向沟通。

具有感知能力的团队能够与市场互动——与顾客互动并观察他们的行为，监测客户如何使用产品，利用探测器、激发试验和各种测试来更清晰地感知市场需求。具有响应能力的团队能够理解并解读感知到的数据，在此基础上做出决策，然后对市场做出响应。

这些都是采用感知与响应模式的团队所具备的功能：监测并观察客户、进行试验、理解并解读数据、选择响应方式、针对市场的需求做出回应。

这些功能并不新颖，我们在组织内部安排它们的方式才是新颖的。在工业企业中，这些功能往往是按先后顺序独立实现的，而采用了感知与响应模式的组织根本没有时间完成这样的工作流程——这种各职能部门独立工作的流程造成的分隔状态有着明显的缺点。

## 感知与响应模式下的团队

我们来看一个故事，这个故事描述了一家公司里的两个不同的团队，让我们看看哪些因素能促使感知与响应模式成功，哪些会导致它失败。

2006年，华尔街的一家经纪公司的团队面临着一个挑战：该公司在其核心的电子交易业务领域十分成功，但是高管们认为，该公司应当提供其他类型的电子交易服务，使公司的业务多样化。

对于如何推行新的服务，战略团队和产品管理团队存在意见分歧。所有的经理都认同公司应该推行新的服务，甚至关于新推服务的类型，他们的看法也是一致的。双方的分歧点在于如何将这种服务交付给客户。换句话说，高层制定的战略非常清晰，而且得到了各团队的大力支持。但是，关于如何推行这项工作，各个团队无法达成一致。

在电子交易领域，客户会使用各式各样的工具把交易内容发送给经纪人。他们可以给经纪人打电话、写邮件或者发信息，他们也可以通过第三方或经纪人提供的交易程序发送信息。这家经纪公司的团队就是在选择哪种方式这一问题上产生了分歧。

> **如何开展接下来的工作**

有三种可能的方式可以将这项新服务交付给客户，每一种方式都有其支持者。

- 战略团队的一部分成员想要为客户开发一款所有经纪人都能使用的新型应用程序。这款新的应用程序包含了该公司提供的所有交易服务。它也允许客户与竞争对手公司的其他经纪人进行交易。客户通常希望能够在一个应用程序中管理所有的交易业务，不管他们的交易由哪个经纪人负责。因此，支持这个观点的人认为，客户会希望这款新的应用程序能够实现这个功能。开发这样的软件系统将是一项浩大的工程。
- 其他经理认为公司应该开发一款与此类似的应用程序，但是这款程序只能实现客户与该公司的交易：也就是说，使用这款应用程序的客户只能与该公司的经纪人对接。支持这个观点的人认为，公司不应该花时间帮助竞争对手完成交易。
- 第三组的人认为，公司根本不需要开发应用程序。确切地说，这些人认为该公司只需要将这项新服务投放到客户目前正在使用的第三方交易程序中即可。

战略团队和产品管理团队互相争论，推销自己的观点。最后，高管们决定开发一款仅为该公司经纪人服务的应用程序（也就是第二个选项）。请你务必注意，这个决策的基础是该论点的优势以及该论点支持者的雄辩能力，而不是市场的反馈。

高管们做出决策以后，指令就被传达到了设计团队那里：开发一款仅为该公司经纪人服务的应用程序，它既能为客户提供已有的核心业务，也能为其提供新业务。

产品设计团队开始了这项工作，他们先派遣了一个由设计师和设计研究人员组成的团队到现场观察、采访客户，并询问他们的需求。该团队很快就发现了一个问题：客户希望在一个应用程序上完成所有的交易。他们不太可能接受一款只能与某一个公司的经纪人进行交易的应用程序。

研究人员将调查结果反馈给了公司高层，但是公司高层不愿意重新审视已经做好的决策。之前做决策的过程既涉及政治因素，又涉及个人感情因素，谁都不想再消耗政治资本回看这个决策。相反，他们命令设计团队按原计划进行。但是，团队的调查结果已经开始让人怀疑该决策的可行性，各个团队的协同合作已经受到了负面影响。

> **选择开发方式**

随后，开发团队加入项目，开始工作。团队成员对该项目面临的技术难题感到担忧，他们考虑使用敏捷方法，增量式地开发这个应用程序。该方法旨在将产品功能拆分成许多小的功能模块,然后在分别开发出各个功能模块之后,将其整合完善。据他们估计,至少需要一年多一点儿的时间,他们才能将成品交付给客户。

任何前往查看该团队工作情况的观察员都会看到,该团队的协作非常紧密,团队成员合作非常融洽。开发者、设计者、产品经理和质量评价测试人员聚集在了一个设备齐全的"作战室"中,整个团队士气高涨、通力合作。团队成员总会在做出关键决定之前互相咨询,使用许多现代的敏捷方法,并致力于不断改进他们的流程。

问题在于,该团队未能将这款应用程序交付给客户。团队成员给自己定的目标过于宏大——开发一款超能的应用程序,取代竞争对手现有的已处于成熟阶段的产品——他们根本不可能实现这个目标。迭代法对解决技术问题来说十分有用,该团队开发出了关键功能模块,但是该团队从头到尾都没能找到解决消费者需求的方案。

最初的调查结果已经埋下了怀疑的种子,这颗种子不断生根发芽,导致利益相关者的担忧情绪日益加重,再加上延迟成本——两年后,该团队仍然没能将这项服务交付给客户——企业的利益相关者失去了耐心,叫停了项目。在该项目的执行过程中，至少有 5~15 个人一直在参与这个项目。这些人付出的努力和所有花费在该项目上的工时都付诸东流了。

### ➢ 从被叫停的项目中汲取教训

第二年，该团队的一部分成员被派到了一个新项目中，他们发誓这次要纠正自己的错误。

在这个新项目的执行过程中，设计团队改变了调查阶段的工作。第一轮的调查显示，高管们的战略计划可能存在问题。因此这一次，设计团队带上战略团队一起参与了为期一周的行程，共同开展客户调查。之前，设计团队汇报的调查结果被高管们忽视了，现在，该团队想要避免这个问题。这一次，设计团队想让这些决策者亲自去了解客户的需求。

这次行程成了这个新项目的转折点。战略团队的成员亲眼看到了设计团队所看到的一切。事实上，两个团队共同参与体验比各自分开进行调查更有助于了解情况。此外，这次行程还让两个团队的成员建立起了与政治因素无关的合作关系。这种合作关系在整个项目的进行过程中一直存在。事实上，这两个团队已经合二为一了。

在这些团队成员结束行程回来之后，他们下定决心要避免之前在执行项目过程中所犯的另一个错误——他们决定尽快交付产品。所以，虽然他们对最后的产品有着雄心勃勃的计划，但他们还是在问自己："在三个月或更短的时间内，我们能够开发出的可投放市场的最简产品是什么？"他们还邀请了其他合作伙伴一起研究这个问题的答案。

他们找到了将在后期参与这项服务的销售人员和交易人员，也找到了负责开发工作的技术团队的成员，邀请他们一起探寻这个问题的答案。此时的作战室和之前相比大不相同，这里不再只有技术人员或产品团队人员，这个作战室里坐着的是一个有着自我满足能力的商业团队。该团队在一系列设计过程中团结合作，共同绘制他们将要开发的服务的蓝图。至少在设计初期，该产品主要依靠的是人的操作，当然也离不开一些软件的支持。最后，当他们确认了新服务正按照设想的那样正常运作时，团队成员就开始计划用软件来实现更多的功能，从而逐步完善他们开发的服务。

这种方式成功了。该团队在几个月的时间里开发出了这项服务，并将其投入市场，获得了市场的好评。而且，他们在随后的一年里通过频繁更新后续版本，逐步完善了该项服务。

> **回顾收获**

这个故事告诉我们两个重要的道理，第一个与增量式开发和迭代式开发有关，第二个与团队合作、协同努力有关。

**增量式开发与迭代式开发**

　　增量式开发是从一个宏伟的蓝图开始的：你要先展望未来，树立远大志向，再把这个宏伟的蓝图作为目标。随后，你可以将这个宏伟的蓝图分解成许多小的模块，然后开发出一个个小模块，将这些小模块添加到每一个后续增量中，直至达成目标。这个过程就像用砖头砌房子。从软件的角度来看，这种增量式开发方式有许多优点：以每个小模块为起点，你能够开发出一款技术过硬的软件；每个功能模块都经过了测试，而且互不影响，所以你能够开发出非常稳定的系统，而且未来想要维护和改进这个系统也会很容易。

　　增量式开发的问题在于，如果你没有按照正确的顺序开发不同的模块，那么在所有的模块开发完成之前，客户会认为你什么成果都没有实现：只有在屋顶和窗户都安装妥当之后，客户才会搬进这个房子。这就意味着，在一个漫长的过程结束之前，你没办法向客户交付任何价值。更糟糕的是，这也就意味着你在整个过程中无法通过双向沟通的形式获得客户的反馈。上述经纪公司的第一个项目采用的就是这种方法，由于该项目未能向客户交付价值，所以它完全不堪一击。

迭代式开发与增量式开发有所不同。因为软件与砖房不同，你在开发软件的过程中可以改变其形态。因此，原计划可能是建造一间豪华酒店，但是你可以先搭建一个帐篷，再给帐篷铺上地板，使其成为一个豪华的帐篷；随后，你可以为其添加墙壁，使其成为一个小屋；紧接着，你还可以加上屋顶；等等。所以，你从最初阶段就开始为客户提供价值。随着之后的迭代，你投放到市场中的产品或服务将越来越有价值。在每一次迭代的过程中，你可以一直收集客户反馈，逐步完善系统。上述经纪公司的第二个项目采用的就是迭代式开发，所以该团队能够在项目初期就向客户交付价值，这有助于项目的成功。

团队合作

迭代式开发的过程离不开团队合作。迭代法需要你在确定愿景时保持谦卑的心态。你需要有一个愿景——这一点至关重要——但是你必须承认，你也不敢保证自己的计划一定能够成功。如果这样做，那么你就可以让你的团队接收客户的反馈，并且通过客户反馈来做决策。要实现这个过程，你必须明白这些决策不是一劳永逸的，而是要在一轮又一轮的迭代过程中不断更新、调整的。

为了根据客户的反馈来细化需求，你需要首先创建一个拥有自我满足能力的跨职能团队。对软件团队来说，这就意味着设计人员、技术人员和业务专家将在紧密合作的过程中不断迭代。这个团队不能只有技术专家，更重要的是团队成员之间的合作。然而，我们从前文的故事中可以看出，只有团队合作是不够的。如果该团队真的希望为客户和企业创造价值，那么业务决策者必须成为合作过程中重要的一环。

让业务决策者参与进来，不仅有助于价值创造，而且有助于执行团队和决策团队保持一致、协同合作，这不仅包括团队内部的合作，而且包括团队与团队之间的合作。我们从之前的故事中可以看出，做出决策是一回事，而让决策和执行结果保持一致是另一件截然不同的事情。

## 跨职能团队的力量

不只有数字团队发现了跨职能团队的力量。

2013 年 1 月，时任美国通用家电 CEO 的奇普·布兰肯希普把一个跨职能的小团队召集到了一个房间中，给该团队布置了一个很有挑战性的任务，让该团队在 12 个月内（大约是通常创造一台新冰箱所需要的时间的 1/4）交付一款新型的高端法式冰箱，并将其投入生产。[3] 布兰肯希普似乎觉得这个任务还不够难,他希望该团队在三个月内让他看到一台能够运作的冰箱。布兰肯希普非常赞同精益创业的发展方式,他想看看自己能否将这种方式应用在家电企业中。

快速完成这项任务的唯一方法就是所有成员团结起来,一起为这项任务拼搏奉献。

当该团队的成员开始思考如何在截止期限之前完成任务时,他们发现传统的项目管理流程存在许多局限。他们意识到,如果要提高工作效率,销售人员、设计师、原材料供应商和客户就必须不停地交流各自的想法,不断给出反馈。在传统的流程中,各利益相关者和项目参与者之间进行完整的沟通至少要花费几个月的时间。该团队希望把这种沟通时间从几个月缩短到几天甚至几个小时。团队成员都知道,如果他们要在截止期限内完成任务,那么这种沟通时间就必须被缩短。需要加快的不仅仅是讨论的速度,该团队希望能够更快地获得市场反馈,所以他们需要找到方法来提高客户的参与度。最后,该团队发现,面对产品设计的不断更新,他们需要加快响应的速度,尽快了解哪些部分的更新得到了客户的赞赏。该团队要让项目管理流程中的所有参与者都意识到,他们需要以更快的速度完成各部分的工作。

该团队在早期就和供应商进行了讨论,供应商对于自己能成为整个过程中的一分子感到非常激动：新的项目管理流程使供应商可以预览要开发的产品，还可以提前对大规模量产所需的原材料进行规划。

该团队还包括一名财务人员。他们意识到，传统的业务案例计算方式在这次的项目中已经行不通了。通常情况下，如果一个项目需要持续多年，那么产品团队在后期便不再需要财务人员了。因为在传统的家电项目中，财务信息每天几乎不会有太大的变化。但是，这个项目就不同了。该团队需要一个财务人员，他要了解团队的任务，并且帮助团队创造新的产品模型。由于该产品在开发过程中需要不断地进行调整，因此，该团队这次创建的业务案例必须要有很强的灵活性。

最后，领导者们意识到，如果要让团队在12个月内开发出一个伟大的产品，那么自上而下的决策过程是行不通的。传统的决策过程需要很长的时间等待上级审批签名，但这个项目没有那么多时间可以浪费在这个环节上。与正常情况相比，该团队需要更大的决策自主权。于是，领导者们把决策自主权给了该团队，让团队成员能够在一年的时间里以更快的速度完成一轮又一轮的迭代。

最后的结果说明了一切。新产品的销售速度是正常情况的两倍，其成本是正常情况的一半，而它被投放到市场中的速度是之前产品的两倍。

虽然冰箱本身并不是一种由软件驱动的产品，但是美国通用家电在组建这支团队，设定目标并最终帮助团队实现目标的过程中所采用的方法和态度，适用于所有面临不确定性的团队，不管这些团队处于什么行业。

## 轨道模型

我们之前谈到过，在核心团队模型中，具有三个主要职能的团队成员必须相互合作：设计人员、技术人员和业务人员。然而，除了这三个职能领域的成员之外，团队一般还会有其他核心人员，他们通常是专门的业务或领域专家。我们在第五章曾谈到美国主根基金会，该基金会为客户提供了一项在线求职意向配对服务，把雇主和具有专业技能的求职者进行配对，让他们有机会在一起做项目。管理在线市场的团队就包括社群运营经理。成功运营这项配对服务需要团队与参与这项服务的各个社群保持深入、持续的联系，因此，一个团队运营网站而另一个团队提供服务，这显然是不合逻辑的。这些具有不同职能的团队成员每天都在共同工作。

其他公司可能也需要一方面保持各个职能团队相互独立，

另一方面让这些团队紧密合作。比如，在新闻行业，为了避免评论内容受到商业利益的影响，人们实行了严格的内容限制，用以防止敏感信息在各个部门之间流动。但是，这些内容限制导致了越来越多的问题。实际上，第四章提到的《纽约时报》创新报告曾经明确提出，要消除内容限制，推进合作。该篇报告的作者写道："有许多部门和团队，其中大多数被认为是业务方面的一部分，它们明确地关注读者体验。这些部门和团队包括设计团队、技术团队、消费者洞察组、研发团队和产品团队。这些部门和团队的职能有助于组织进一步整合工作。"[4]

我们现在已经看到，数字媒体公司的内容限制正在消失。新兴新闻媒体几乎不再区分评论和产品。比如，BuzzFeed 的一位工程师是这样看待协同工作的："我的这份工作最值得称赞的地方之一，就是我能与我们的编辑团队和营业部门紧密合作。我是在为那些坐在我对面房间里的同事们开发技术。"[5] 新媒体集团 Vox Media 把协同工作写进了公司的行为准则中。

> 编辑团队和公司的其他成员都是我们的同伴和合作者，而不是我们的客户。我们保持着开放的沟通渠道与同事建立融洽的工作关系——事实上，是友谊关系。而且，我们经常互换角色：产品团队的成员可以为编辑团队写一些文

字内容；作家和编辑可以扮演产品经理、设计师和工程师的角色；广告设计人员也会为我们所有人使用的产品进行广告策划。团队中的合作是我们成功的关键。[6]

许多团队若要取得成功，就需要各种专业人员的参与。但是，各种项目并不是每天都需要这些专业人员。你可能需要公司的法律团队或合规团队来帮你检查工作，但是你可能并不需要他们每天都做这些事情。同样的情况也适用于其他方面的专业人员。

为了解决这个问题，我们看到很多团队使用了我们所谓的"轨道模型"进行人员配置。在轨道模型中，你的核心团队是一颗行星，有各种专业人员像卫星一样绕着行星运行。这个模型的原理在于，每个专业人员都像卫星一样，在一个已知的轨道上运行。这些专业人员要和项目团队进行每周一到两次的讨论——这是双方都认可的频率。正是因为有这样的定期见面讨论，双方的合作才能更加融洽。与分配兼职人员的情况不同，在轨道模型中决定人员分配的关键在于各个团队认同的、一致的互动节奏。

业务流程专家可以使用可靠的经济模型来判断某个专业人员是更适合加入核心团队，还是更适合以兼职的形式支持多个团队的工作。一个非常常见的例子就是消防部门:每个公司都应该配备消防团队吗?对绝大多数企业来说,这个问题的答案都是否定的:绝大多数企业都依赖于城市消防中心统一提供的服务,所以它们不自己配备消防团队也是合乎情理的。然而,确实有一些企业——比如那些以烧毁物品为核心业务的企业——需要在工作现场配备消防团队。

轨道模型的另一个好处在于,人们对轨道中的参与者的看法将会有所改观。我们在很多案例中看到,这些具有非核心职能的专业人员常常被认为是工作中存在的障碍:"我们也想快速将新产品投放到市场中,但是那些负责品牌策划、风险控制的人总要重新审查我们所做的一切。"轨道模型促使这些具有非核心职能的人员与核心团队的成员经常见面讨论,这使得非核心人员也会被视为团队的一分子。定期的互动交流打破了这种非核心人员只会"挡道"的看法,也使得非核心人员与核心人员之间的关系更加融洽了。减少了摩擦,产品投放的速度自然就加快了。

这一点说明了一个良好的团队所具备的极其重要的社会属性。当你进入一个良好的团队所处的环境时,你能够感受到融洽的团队氛围。大家都很喜欢和对方一起工作,他们会讲笑话,他们互相信任。他们在遇到某个问题的时候知道应该找谁讨论,在解决问题的过程中，他们也都积极主动。轨道模型有助于保持核心团队成员和非核心成员之间的联系，在两者之间构建稳定和谐的人际关系，巩固团队的社会关系。

## 让团队合作成为可能

经理们可以在组建、管理、组织团队的方式上做出一些改进，从而为团队成员相互合作创造条件。这些改进措施描述起来很简单，但是执行起来就会遇到困难，因为它们需要其他部门的配合才能实现。的确，没有高层领导的支持，这些改进措施可能很难实现，虽然它们看上去十分简单。

以下这些关键的改进措施能够帮助感知与响应团队有效地进行合作。

- 组建以任务为基础的、独立自主的团队
- 利用跨职能团队
- 组建专门的团队
- 采用新的工作流程
- 让所有团队在同一个地点工作
- 注意远程办公的问题

- 注意外包的问题
- 反思之前的工作，使用最简单的可行流程

这份清单只是一个开始，而不是解决问题的方案。每个组织在实践上述想法时的做法都会稍微有所不同。这几点内容只是准则，而不是一成不变的规则。

### ➢ 利用基于结果的任务来组建独立自主的团队

之前，我们谈到了产出与结果在概念上的区别。这部分的意思是，高层领导者不应该命令团队产出某一个特定的产品，而应该要求团队实现某一个结果，比如，"搞清楚怎么开发一项新的交易服务"。随后，为了完成任务，团队需要决定生产什么产品，还需要获取生产该产品的所有资源以及发布这项新服务的能力。与此同时，高层领导还需要允许该团队不断学习，并基于学习的内容重新开始工作。这就意味着，该团队必须拥有完成这些工作所需要的所有能力。不仅如此，他们还需要更多的权限，让他们不用等待上级审批即可推进工作。他们需要行动自由。

实现了这些前提条件，他们才能够快速行动，并通过不间断的学习一步步向前迈进。

但是，如果没有这些前提条件，那么坏事就会发生：当团队等待上级的审批时，他们就会依赖于外部的决策者。他们的工作效率变慢了，无法在时机成熟时做出响应。他们限制了自己的技术和学习能力，也限制了自己传递价值的能力。

所以，在面对不确定性的时候，能够不断学习并且独立自主的团队才是真正能够为企业创造价值的团队。

## ➢ 组建跨职能团队

在本章前面的部分，我们谈到了独立自主的团队的职能：观察并监测客户、开展试验、理解并解释数据、决定如何响应并做出响应。这些职能正是我们要组建的跨职能团队的核心。在实践中，这意味着我们必须从跨职能小组中构建自己的团队，并确保核心团队职能——设计、技术和产品管理——都服务于该团队。

目前存在的一个问题是技术人员的短缺。技术人员供不应求，而且企业一般很难雇到技术人员并留住他们以完成工作。设计人员不足这一遗留问题使情况变得更糟了。在软件行业，软件设计师曾被认为是"奢侈品"，而现在他们可以说是绝大多数团队的必备人员。各个组织正在努力调整人员的配备。在成立时间较长的组织中，我们经常看到设计师与技术人员的比例是 1∶100。所以，这些组织就很难把设计师分配到各个部门中去。通常，这些设计师都在提供核心服务的部门工作，这些部门都是内部机构。我们认为，更有效的比例应该是每 10 名工程师配备 1 名设计师，对某些组织而言，这个比例甚至会更高。有些团队可以在没有设计师的情况下正常运行，尤其是那些负责后端和中间件功能的团队，但是直接面向客户或用户的团队都应该配备设计人员。

另一个常见的问题是各职能部门之间缺乏沟通协调。许多组织在分配预算时，往往没有考虑到各个部门的情况，或者没有与各个部门进行沟通协调。因此，即使充分配置跨职能员工符合团队的利益，某一特定部门也不一定能与该团队共享利益。要解决这个问题，在分配预算的过程中进行跨部门的规划是至关重要的。

> **组建专门的团队**

在构建了跨职能团队之后，你需要确保该团队的成员每次都专注于完成一项任务，并且他们必须为这个团队全力奉献。

同样，这可能不像听起来那么简单，它也许比登天还难。一般来说，要做的工作比员工要多。因此，各个组织会通过给员工分配多个项目的工作，试图让他们尽可能多地承担工作。

在实体工厂中，这种工作分配方式的荒谬之处显而易见：你不可能让一个人同时在两个制造工位上工作。但是，需要员工通过思考完成的工作本身是非常抽象的，所以在考虑工作分配时，它是可以灵活变化的。

将工作人员分配到多个团队或多个项目中的问题在于，这种做法会使项目之间产生依赖关系，而这种依赖关系会减缓员工的工作速度。虽然单个团队可以在其内部安排任务并优化工作流程，但两个团队一起安排任务就会比较困难。如果一个设计师必须为团队 A 制作一张图纸，那么她在团队 B 的工作就会搁置，直到她完成该图纸为止。如果团队 A 中的两个人对其他团队负有责任——例如，设计师欠团队 A 的工作，开发人员欠团队 C 的工作——那么人员安排问题就会突然变得复杂起来，团队成员将迅速变得难以管控。

将员工指派到一个团队中，并让该团队致力于单一的任务，可以让事情更加简单高效。

> **改变工作流程**

或许团队在合作方面需要做出的最重要的改变，就是重新构想工作流程。这样的合作通常要求团队成员改变个人完成工作的方式。产品经理可能习惯于制订详细的计划和业务案例；

他们需要改变工作方式，学会提出问题并进行试验。设计师可能擅长处理 Photoshop 图像处理软件中的每一个像素；他们需要学会轻松地利用白板来推动团队设计会议的召开。开发人员可能习惯于根据写有详细需求的文件开展工作；他们必须习惯于从更粗略的产品需求说明开始进行工作。每个人都需要改变已有的观念，返工也是工作流程中重要的一部分，而不是要规避的成本。

PayPal 的比尔·斯科特总结了他的前雇主网飞的团队如此成功的一个原因："我意识到，我们舍弃了某一年编写的 90% 的代码，尤其是在 UI（用户界面）层的代码。"[7] 网飞的团队认同持续改进的理念，不是因为团队成员编写的代码不好，而是因为他们认为编写出的代码只是一种学习工具。代码只是该团队为了寻找正确的解决方案所付出的不懈努力中的一部分。

## ➢ 组建同地协作的团队

当你拥有一个团队并能够使其专注于一个项目时，你就为良好的团队合作创造了条件。至少，你已经为团队打好了坚实的基础。下一步就是让团队成员们一起工作。

让人们一起工作的最简单的方法，就是将他们放在同一个房间里。坐在一起的人会更自然地把对话当作交流方式。这看似相当简单,但在这个充斥着短信、聊天室、电子邮件和视频会议的时代,面对面交流的力量仍难以用言语表述。

几年前,我们曾与一个团队一起工作,该团队花了一年时间在一个开放的工作环境中共同完成一个项目。这些来自不同部门、不同专业领域的人必须学会合作。一年来,他们成了优秀的合作伙伴,也成了朋友。但是,随着项目接近尾声,团队成员们离开了他们共处的房间,回到了大楼两侧各自的部门:另一个项目团队需要使用这个房间,所以这个团队同意搬家了。尽管如此,还有一些工作需要收尾,所以该团队的成员还要继续工作,但他们并没有坐在一起。

在该团队搬走后的第二天,团队中的质量评价测试人员提出的一个很简单的问题引发了冲突。测试人员询问另一位测试人员,她正在测试的功能应该如何运行。第二个测试人员也不知道,于是就建议她打电话给在大楼另一侧工作的设计师。倘若设计师们当时在这个房间里,那么他们中的某个人肯定会听到这个问题,并给出回答,然后该团队就可以继续接下来的工作。但是,这个测试人员不太确定要问哪位设计师,于是就给质量评价经理写了一张纸条。质量评价经理给设计经理写了一张纸条。设计经理问了某位设计师这个问题。该设计师感到很气恼,他认为测试人员越级向他的经理质疑他的工作。他给测试人员写了一封语气傲慢的回信,并将这封回信转发给了她的经理。最后,该团队不得不在会议室召开调解会议来处理这个邮件问题。原本的问题很简单,甚至可以说是微不足道的。就在两天前,测试人员只需要抬起头来问设计师一个问题,在问题解决后,两人就可以继续手头的工作了。

这并不是说把团队成员安排在同一个房间里工作是建立良好合作的唯一方法,也不是说把团队成员安排在同一个房间里就会自动促成他们的合作。但是,这种做法确实是促进团队合作的重要开端。

## ➢ 管理远程合作

在技术团队中,也许没有比远程工作更能引起激烈讨论的话题了。长期以来,远程团队和远程工作一直是高科技领域的一部分。事实上,通过思考进行的工作非常适合以远程的方式来完成。计算机和互联网为我们提供了在任何地方工作的工具,许多员工都希望像这样自由选择工作地点。

然而,与在同一个地方工作的同事相比,与远程工作人员建立良好的合作更加困难,而且需要更多有意识的努力。这是因为在通常情况下,一部分团队成员是远程工作的,而其他团队成员则在同一个地方工作。当这种情况发生时,信息流动就会不平衡，从而导致远程工作人员的效率降低。当一些员工在饮水机旁闲聊，随意交换信息时，无论他们交换的信息是否与项目有关，这都是一种交流渠道，而远程工作人员却无法参与其中。这就体现出了信息流动的不平衡性。

当你打算与远程工作人员一起组建团队时，你要特别注意那些可能造成信息交流不平衡或中断实时沟通的事情。一般来说，团队跨越的时区应该尽可能少，以便团队成员能同时保持清醒。另外，为了构建社会关系和信任，使合作成为可能，团队应该至少每隔几个月就安排一次面对面的聚会。

### ➢ 管理外包和离岸团队

从20世纪80年代末到21世纪初，我们看到外包和离岸IT服务的使用量越来越大。外包公司提出了一个看似很有吸引力的主张：通过利用低成本的IT和软件工程服务，公司可以不用自己管理这些非战略性业务功能，它们可以将这些功能外包给高质量的专家，并专注于自己的核心竞争力。

正如我们所说，如今，IT和软件开发必须被视为核心战略业务功能，必须成为所有企业的核心竞争力，不论企业的规模大小。当涉及受不确定性因素影响较大的项目和程序时，企业较少使用IT外包服务。最近，我们看到把IT服务引入企业内部的行为呈现出了增长趋势。[8]

外包通常与离岸外包联系在一起,即将工作转移到世界的其他地方进行,从而提高招聘、多样性、成本和时间安排方面的效率。离岸外包可能发生在供应商身上,也可能发生在企业内部。许多企业把业务、销售和营销部门设立在位于大城市的总部,并在数千英里[①]之外的地方设立技术中心。外包和离岸外包带来了类似的挑战。这两种策略都会导致团队成员、客户以及利益相关者分离开来,使团队无法进行自主学习;而且团队成员很难与其他业务同事建立良好的合作,他们自己也无法与市场进行双向沟通。

当然,也有一些适合外包的技术项目,因为并非每个技术项目都面临同样的不确定性。不确定性(关于开发什么产品以及什么产品将受到客户青睐)低的项目可以考虑选用外包或离岸团队。这种项目采用的就是所谓的双轨敏捷方法。

在双轨敏捷方法中,两条工作轨道密切配合。第一条是试验轨道。该团队使用本书中描述的所有感知和响应方法来处理高度不确定的那部分工作,找出最佳解决方案。接着,解决方案便可传递到第二条轨道,也就是生产轨道上。该团队将坚定

---

① 1 英里≈1.609 3 千米。——编者注

地实施该解决方案。当团队之间交接的不是文件、技术规格或合同,而是一款利用最终交付技术生产的产品原型时,这种双轨的设置最为有效。

双轨敏捷方法的好处在于,它允许一个团队快速发现市场需求,而允许另一个团队以更有节制的速度工作,以处理安全、国际化、企业规模以及其他方面的问题。但是,用好这种方法是很困难的。它可能会使我们重新遇到流水线工作中经常发生的老问题:信息可能无法及时传回产品团队,这将降低可能的变化速度。它还会分隔生产轨道,使生产团队失去事先了解未来将要发生什么的机会和参与定义产品的能力。

因此,创建一些参数对采用双轨敏捷方法来说至关重要。该方法必须支持从生产轨道到试验轨道的快速反馈,必须支持整个系统快速迭代以响应反馈。如果生产轨道中的成员认为他们的责任只是完成一次产品性能的实现,那么整个系统将无法工作。最后,两个工作轨道之间需要保证一定的透明度,这样,一些合作甚至可以跨轨道执行。

> **反思之前的工作**

改进团队工作流程的最有价值的方法之一就是举办反思会,团队成员可以定期——通常每两到三周一次——聚在一起,讨论并改进工作流程。有很多种举办这些会议的方法，但关键还是要将感知与响应的思维模式应用到团队活动中。什么方法有效？什么方法无效？为了让一切变得更好，我们可以改变什么？

换句话说，团队成员认为他们的工作流程（比如他们在产品方面付出的努力）是可以持续改进的。我们经常建议团队从最简单的可行流程开始，利用反思性的、持续的反馈（来自团队内部和外部的反馈）和过程试验，来改善工作与合作的方式。

一开始，这些反思会可能是痛苦的。如果团队不习惯进行这些讨论，或者他们在此之前已经工作了很长时间，那么第一次公开讨论问题会让团队成员感到不舒服。但是，如果没有反馈，产品就不会变得更好，所以你必须反思并检查工作流程，才能使其不断得到改进。

丰田生产系统采用的一个著名策略是，任何发现生产问题的人都有权停止生产线的运作。这种方法可以避免工厂生产出有缺陷的产品，帮助工厂快速发现并纠正问题。与之类似的是，频繁的反思会能够使团队成员专注于"制造"过程的质量，并允许他们快速检查和调整，从而不断改善工作。

## 感知与响应模式带给组织的启示

✓ 有自我满足能力的小型跨职能团队是感知与响应模式的关键部分。这些团队能够监测并观察客户、开展试验、理解并解释数据、决定如何响应并做出响应。

✓ 紧密合作的团队的核心功能通常包括设计、技术和产品管理，但根据组织的不同，这类核心功能还常常包括其他的职能。

✓ 要建立良好的合作，可以考虑组建基于任务且独立自主的团队、跨职能团队和专门的团队。

✓ 要采用新的工作流程，并组建在同一个地点合作办公的团队。如果你雇用的是远程或外包人员，那么请你仔细评判它们对敏捷流程的影响。

✓ 采用最简单的可行流程并定期举办反思会，有助于团队成员更有效地合作。

# 第七章
# 持续的各个环节

AutoTrader UK 是英国最大的汽车分类广告网站。1977 年，AutoTrader UK 作为一家印刷媒体公司成立了。在 1996 年，AutoTrader UK 创建了它的第一个网站。2013 年，AutoTrader UK 完成了数字化转型，并于当年 6 月淘汰了印刷媒体业务。AutoTrader UK 宣称，该公司目前的市场占有率超过了 80%。[1]

在转型为独营数字业务的企业之前，这家公司的产品团队每年更新公司门户网站的频率为一到两次。当数字服务成为该产品团队的唯一重心时，他们的更新频次成倍增长，改为每季度更新一次。如你所料，产品团队每次发布新的产品特性，都会得到客户的反馈，而且并非所有反馈都是积极的。

你可能以为，这些负面反馈会让管理团队非常沮丧，或者因为与他们的世界观相悖而被删除。然而,他们开怀接纳了这些反馈,并将它们看作学习的机会。他们认为:"如果我们每次发布新软件都能得知产品的优劣,那么我们越频繁地输送新想法,就能越迅速地汲取经验教训并做出调整。"他们开始问自己:"我们为什么一年只学习4次?为什么不每周都学习一次?"

在整个产品研发过程中通过增加想法输送次数来提高企业的学习频次,这便是成功运用感知与响应方法论的基础。

研究流程的人对"流动性"总是非常着迷——如何建立流动性,如何维护流动性,如何通过提高流动性获得经济效益。对我们而言,一个重要的见解是,如果行之得当,那么企业就能向市场高效地输送工作成果,这会使企业受益匪浅。AutoTrader UK 就是想通过更快地得到市场反馈来增加学习的频率。换句话说,它想建立并维护企业和市场之间持续的双向沟通。

更频繁的输送还有一个好处,那就是降低延缓成本。如果某个产品功能会带来价值,那么它上市得越早,企业得到的收益就越多。反之,在上市之前越是举棋不定,企业得到的效益就越少。因迟疑而错失的这部分效益被称为延缓成本。

因此,人们有充分的经济理由来优化组织,向市场传递新的构想，其中包括与软件相关的构想（比如网站的新功能），也包括和软件毫无关系的构想（比如价格更新或新的营销信息）。在现代企业中，大多数构想都需要通过软件来实现，但在本章中，你会发现我们探讨的内容远远超出了优化软件团队。如果我们希望建立高效的流程，那么我们必须打破技术团队的边界，着眼于整个组织系统。

## 流程的基础架构

我们首先来了解一些技术实践，这些实践是现代团队用来建立流程的基础架构的方法。然后，我们将以此为基础，讨论业务团队是如何在这个"一切都在持续"的新环境中运作的。

### ➢ 评估开发运营风潮：流程的技术基础

在过去 10 年的技术世界里，最令人激动的事情之一便是开发运营方法论的出现。开发运营是一套概念和流程，它可以帮助团队频繁、有效地发布软件并减少风险。就我们在本书中从头到尾所谈论的事情而言，开发运营是技术和架构的基础，所以我们值得对它讨论一二，仔细了解其中的基本概念及其对企业的影响。

对大多数技术行业以外的人来说，软件运营是一种无形的、模糊的职能部门。然而，运营团队其实是指创建和维护软件产品及服务的运作环境的人。他们建立服务器、网络和数据库，安装并维护相应软件以保证基础架构的顺利运行；他们处理宕机问题，以及最重要的是，他们负责发布产品研发团队所创建的新版软件。

正如我们之前讨论的那样，在早期，软件研发的流程和流水线一样。从软件开发到发布，一步一步按次序进行。一组人负责规划软件功能，另一组人负责设计，第三组人负责编写软件，第四组人负责测试，最后，运营负责部署。但是，在处于流程核心的研发人员采用敏捷方法之后，他们开始分批发布代码，如此一来，围绕着软件研发的各个流程节点都面临着压力。

想象你自己是一位质量保证检测员，你已经习惯定期（例如每个月）收到大量新的软件代码。这意味着，在下一批软件代码到来之前，你有足够的时间进行测试。如果现在研发人员开始每两周、每天，甚至一天多次给你新的软件，那么你将面临什么样的压力？跟上节奏的唯一办法就是改变你的流程、你的工作方式，以及你的工具。你会提前启动双方的协作，采用新的测试战略，并使测试自动化。这里说的不是更勤更快地工作，而是使用自动化技术，这需要从根本上重建质量评价工作。

运营工作的流程同样如此。在软件发布频次不高的情况下，运营团队可以在低效、人工的流程中侥幸过关。新软件的发布可以安排在周五晚上，以避免在工作时间使用的系统面临任何风险。他们不必担心软件的发布是否从周五晚上开始持续了整个周末，只要在周一早上完成发布，就已经足够快了。

当软件发布的频率越来越高时，运营团队再也无法保持原来的工作节奏。他们开始推进流程的自动化，改变自己的工作流程，并加强与研发团队的合作。这些新方法就是我们所说的能够引发现象级改变的开发运营。如果一些公司曾对一年发布几次新软件感到兴奋，那么我们可以理所当然地认为，在采用开发运营方法之后，它们会一天多次发布新软件。

> **流程不只是技术问题**

AutoTrader UK 的团队非常了解开发运营。该公司的 CEO 特雷弗·马瑟在加入 AutoTrader UK 之前，经营着一家享誉世界、首屈一指的敏捷工程咨询公司，所以他和他的管理团队都熟知开发运营风潮。

AutoTrader UK 的技术负责人 CTO（首席技术官）克里斯·凯利告诉我们："我们的目标是建立一个平台，鼓励产品团队持续地发布产品功能，同时提供工具和框架，以便他们测量并监控自己的应用程序在生产环境中的运行情况。"[2] 换句话说，AutoTrader UK 希望帮助产品团队迅速地把想法传递给客户，同时监控这些产品功能的表现，以便了解产品是否成功。

随着技术能力的提升，企业可以更加频繁地发布软件，然而，其他问题也随之显露出来了。用 COO（首席运营官）内森·科伊的话来说，公司实现了"收入上的数字化，而不是本质上的数字化"。的确，这家企业作为传统的印刷媒体公司运作了 36 年，因此，这就是它的文化。团队的结构、激励计划，以及日常工作流程都源于其传统的媒体业务。科伊说，董事们逐渐意识到，公司需要"首先改变文化，其次转型业务，最后改变技术"。

## 管理各个环节

在第六章中，我们讨论了精简、跨职能、有自我满足能力的团队的重要性。但是，不管在什么规模的企业里，没有一个团队可以真正做到自我满足。每个团队都需要领导团队创建使命、提供资金，并明确作业范围。他们需要市场营销和销售人员帮助他们建立与市场之间的互动。简而言之，团队之间需要相互协作的地方不胜枚举，而且人们无法通过在团队内部配备

敏捷商业

相应的职能人员来完成这些工作。所以，即使"自我满足"是团队管理的一个有效的准则，也极少存在真正百分之百自我满足的团队；即使存在这样的团队，它们也几乎没有经济意义。

确切地说，企业必须以一种协作的方式运营。在过去，制造业企业的流程通常是可预见的、重复发生的。由于业务节奏和时间线是可预见的，所以人们可以创造合作。例如，他们有全年预算、新产品年周期、月销售计划、月报、日报。因此，管理团队的指令传达和管理模式也显得可圈可点。核心组织可以了解并预测业务的运营节奏。在采用了感知与响应模式的企业中，团队协作更为有机，而且人们可以通过沟通达成一致意见，并遵守任务命令。这两点我们在第五章都讨论过了。

上述一切都可以总结为一个简单的想法：当我们从生产一个个独立商品的世界进入一个连续生产的世界时——就像开发运营方法论展示的那样——重要的是审视我们现有的不连续流程，并思考如何将其转化为连续流程，以适应新方法论指导下生产产品和提供服务的规律和节奏。

## ➢ 管理客户体验：外观和感受

在向持续生产推进的过程中，管理人员共同的担忧是客户体验。他们担心，频繁的变化是有破坏性的，这种变化有时对依赖他们产品的客户来说甚至是危险的。企业应该如何在受益于持续的流程的同时,避免给客户带来混乱、反复无常的感受呢?

近些年出现了一种颇受欢迎的技术,叫作设计系统,或者说是风格指南。大多数大型企业都有一本自己的《品牌标准》,用于定义所有产品的外观和风格,包括企业的配色方案、商标标准,以及零售商店的家具布置。最近,设计系统进一步完善了这些品牌标准。设计系统以网络为基础,包含各种各样的组件,设计师和开发者可以使用这些组件来创建数字产品中那些面向客户的元素。这些系统不仅像是参考书,实际上,它们更像是资源库。换句话说,设计师和开发者能够从这些网站上直接获取他们的项目所需要的代码。如果做得好,设计系统就会受到产品团队和负责客户体验的团队的大力欢迎。

像通用公司和西太平洋银行这样的公司都有面向大众的设计系统,能够帮助产品团队快速向前推进,而不需要在诸如写前端代码的环节上做重复的工作,或者纠缠于不重要的沟通中,比如确认扣子的颜色。这些设计系统本质上是完整的平台,旨在帮助执行团队减少日常工作中的一些重复的沟通和工作。通过这些平台,各个团队可以直接使用已经验证过的各种元素,他们不再需要就产品外观进行抉择(或者争论)。这使得各个团队可以聚焦在有创新性的、独一无二的、有挑战性的系统需求上,并且以一个能和市场进行有效沟通的节奏向前推进。一位经理告诉我们,设计系统"就是能让我们快速前进的工具。我们再也不需要因为已经决定的事情而停滞不前"。

> **管理客户体验:功能和试验**

除了保证企业发布的软件美观且符合企业标准之外,管理人员也需要管理投放到市场中的产品的功能。毕竟,虽然企业在技术上可以做到一天多次发布软件,但这并不意味着它们想这么做。确切地说,管理人员在推出新点子时,要使之实现自己的目标并满足客户的需求。

大多数采用开发运营法的公司都有自己的方法,可以控制哪些终端客户在什么时间看到什么样的新功能。这可以通过功能发布控制来实现。你可以把功能发布控制看作功能的开关。通过功能发布控制,产品经理可以像做试验一样,把新功能开放给一小部分特定的用户群体。功能发布控制可以对不同版本的功能进行 A/B 测试,并且淘汰掉让人觉得困惑的功能。通常,功能发布控制的意义在于确保部署软件的决策是业务决策,而不是技术决策。

好消息是,这个工具给管理人员带来了强大的新能力。它能够帮助企业对客户看到什么样的新功能，以及他们何时看到这些功能进行颗粒度更高的管理。因此，产品功能的整个生命周期都处在研发团队的控制之中。另外，从企业角度来看，在新功能发布之前进行协调是有必要的。例如，许多零售企业会尽可能避免在假期购物的高峰期进行网站升级。这是零售行业主要的赚钱时期，保证万无一失最为重要。其他行业也许会有非常厌恶改变的客户：一个用在线支付服务代发月薪的商人不想每个月都学习新功能。当然，在安全方面的问题出现时，系统供应商就需要适当控制维护。

然而，许多在科技时代早期实施的正式的发布管理控制已经过时了。例如，美国政府在 2002 年颁布了指导新软件发布流程的若干规定。其中一条是所有的政府机构都要对收集个人身份信息的系统的更新进行隐私影响评估（PIA）。这项要求的目的很明确，但如果隐私影响评估需要花费三周的时间，那么希望每天更新软件的敏捷团队就会有大麻烦。笔者在执笔时，美国政府的软件团队正在努力解决这个问题。

普遍适用的解决方案并不存在，我们只能遵循以下准则：软件发布的决策权应该下放，且下放得越低越好——在大多数情况下，它应该被下放到执行团队的层面；同时，权责应该明确，这样，各个团队在做软件发布的相关决策时，就知道何时需要跟其他团队沟通协作了。

> **创建沙盘：一个安全的游戏区**

让我们短暂地回到任务指挥这个话题上。一个好的指令只会告知下属预期的结果，而不会规定下属应该如何完成这个任务。在特定的限制条件下，策略的选择在很大程度上留给了接受命令的人。这一点是非常重要的。在任务指挥系统中，人们拥有行动自由，但那不是绝对自由，而是一种有约束的相对自由。

我们可以结合"沙盘"这个概念将以上观念引入企业工作中。沙盘是一个为团队运营而创建的具有明确边界的安全区。沙盘为管理层和下属带来了积极的影响。对管理层来说，一个合理的担忧是员工的某些创意会带来问题，而管理层往往需要对这些问题负责。建立明确的准则可以减少管理层对这方面的担忧。下属的忧虑则是触犯一些不明确的边界，领导层如果明确了边界，也就为他们的创造力创造了空间。

举个例子，在我们采访的一家大型企业里，管理人员在没有得到允许的情况下可以自由发布一些试验性网站，但他们不能提及公司的名字，或者在网页中使用任何公司品牌的元素。这些团队也不可以在未经安全团队审核的情况下收集用户的个人身份信息。

我们采访的另一家公司是拥有上百万名客户的消费者企业。该公司的团队可以自由联系客户体验试验性服务，前提是每次参与试验的客户不能超过100个。如果团队想要接触更多的客户，那么他们的计划需要得到批准。与此同时，只要团队在公司条例允许的范围内作业，那么收集个人身份信息就不会被禁止，但收取付款是受限制的。

就像感知与响应世界里的许多事情一样，沙盘的边界可能很难预设。更常见的情况是，某个团队无意中触犯了禁令，于是人们不得不想办法解决问题。例如，一个团队想要申请查看公司的邮件发送清单，但他们的计划需要经过审查。开始审查就是开始建立沙盘。该团队需要解释他们的动机——比如"我们想要测试这个想法"——然后与内部利益相关者共同创建一个每人都能接受的方针。通常，利益相关者应该在早期就参与沙盘规则的建立，而不是在发生问题之后才参与。当团队采取这个方法，积极主动地创建操作规则时，每个相关人员都可以更好地适应新的节奏、试验和已经发生的改变。

最后，值得注意的是，除了沙盘和明确的限制之外，领导者还有其他方式使团队自由运作。我们会在第八章详谈文化这个话题，但现在我们注意到，随着时间的推移，许多企业领导者发现他们在采用这种方法后，学会了相信员工能做正确的事情。事实上，AutoTrader UK 每年发布更新近 2 500 次。COO 科伊解释说，公司的运营方式有了重大的转变，包括取消形式上的流程，给予团队更多的自主权，以及更加注重产品所有权和常识。

> **管理预算**

在这个瞬息万变的世界里，有些事情依然维持着自己缓慢的节奏。也许，没有什么比以年度预算流程为主的财务流程更能体现这一点了。如果你在公司里（无论规模多大）担任过管理职务，那么你一定参与过预算流程。预算流程的时间很长，花费的精力和注意力非常多，以至于我们常常把 10 月至 12 月称为预算季。一个流程增值甚少却要花费一整个季度来完成，这是一件多么可怕的事情！更糟的是，一旦我们将其称为"季"，我们好像就赋予了它不可避免的特性，就像我们认为冬天下雪是理所应当的一样。

为什么企业要重新设计预算流程？如果可以持续学习，那么你为什么要通过制订抵制改变的年度计划来限制自己的响应能力？

我们都知道，预算面临着"要么用掉它要么失去它"的问题。在这种背景下,你为一个项目制订计划,设法为其争取资金,并将其写入未来一年的财务预算中,而后开始着手项目工作。在感知与响应的世界里,你可能会发现你的计划建立在了一些非常错误的设想之上。那么你应该怎么做?正确的做法可能是完全放弃这个计划,但申请来的钱怎么办?你要么用掉它,要么失去它。这是可以理解的,用了一整个季度争取来的钱,经理们不会愿意放弃的。

超越预算研究所,一个致力于改变企业管理模式的国际组织,认为年度预算周期是非常错误的。它指出的第一个问题是"预算流程阻碍了企业的快速响应。企业需要对无法预测的事情做出快速反应,但是年度预算流程对实现这个目标完全没有帮助"[3]。

索尼娅·科勒索杰维奇是全球教育出版公司培生教育集团负责全球产品生命周期的高级副总裁。她告诉我们:"你必须成为一个快速响应的企业。"她继续说:"20年前,培生是一个印刷出版公司。这是一种可以预测的业务。现在,当我们走向数字化时,成功和失败更加反复无常,所以我们需要改造我们的流程来应对变革。"[4]

为了加快响应速度,培生试图让预算分配更加灵活。因此,它转而使用在本质上更容易滚动的模型。在新的流程中,培生为全年的项目分配资金，而管理这个流程的组织被称为产品委员会。这个委员会每个季度举行一次例会，做出与投资相关的决策，并且每个月开一次碰头会，监督他们资助的项目。

产品委员会分布在各个业务部门中，该组织的成员由这些业务部门的管理层组成，尤其是总监和副总监级别的管理层。每个委员会的成员来自各个职能部门，包括技术部门、产品管理部门、财务部门、战略部门、效能管理部门（负责了解成果）和其他主要的职能部门。值得注意的是，这些委员会成员并不包括高级管理层人员，因为这些高级管理层人员可能由于远离日常运营而无法做出合理的决策。然而，他们会为委员会制定战略和目标。

委员会会根据培生所谓的全球产品生命周期来做出资金决策。这是一种自 2013 年以来一直在实施的结构，旨在为产品投资决策提供一个一致的、可重复的、可测量的体系。这个模型和 Intuit 使用的三层面模型（在第五章中有所描述）并不相悖。在培生，虽然产品生命周期有 6 个而不是 3 个阶段，但这两种模型的基本概念是相似的。对于早期构想，企业可以给予小规模投资，并期待这些投资所带来的是经验上而不是经济上的回报。换句话说，各个团队要做的是验证自己的业务构想，而不是带来利润上的回馈。一旦某个构想被验证是有效的，那么产品委员会便会提供额外的资金，并且期待收获更传统的回报（即利润）。

产品委员会帮助培生在一年中快速且持续地为各种构想分配资金。这种方式让它可以在机遇产生之际就对其进行投资，并且避免对一些尚未经过价值证实的大型项目做出承诺，以此降低了超额投资未经验证的构想所带来的风险。

"你不能预测未来，"科勒索杰维奇告诉我们，"如果你能做出的唯一响应是在10月削减费用，那么你的公司就不是一家反应敏捷的公司。你的公司并没有在能够创造利润或者机遇的地方做出回应。"

企业不愿意反复调整财务管理流程——这是对的，细致的财务管理是成功的基础。然而，培生的新流程展示了一家公司，甚至是一家百年企业（培生成立于1844年）可以如何面对未来、应对变革。对财务管理流程——这是在企业运营过程中最保守的、相对可以规避风险的部分——进行改造，使其更好地适应信息时代，这是可行的做法。

## ➢ 避免闪亮对象综合征

几年前，我们有幸和一位在一家大型金融服务公司任职的管理人员共事。这家为消费者和企业提供金融产品和服务的公司希望我们帮忙创建一个新网站。然而，我们在与该公司的团队共事之初就清楚地发现，这个项目的理念是有缺陷的。我们可以继续帮助他们设计、创建并发布这个网站，但我们的调查显示，消费者对此毫无兴趣。

因此，我们的客户在获得管理层的同意后，选择随机应变——执行另一个构想。这个构想在公司里一直居于次位，被认为价值不大。这就是创新工作的特点：你需要尝试很多创意；大多数时候，你会在一次又一次的失败中找到自己的方法。我们建立了一个创意追踪列表，快速有效地进行着工作，我们的客户也很开心——直到项目结束，也就是她向上司汇报结果的时候。他看起来完全不敢相信。"你什么都没做？"他反抗说，"我以为你们是要开发一个应用！"

这就是闪亮对象综合征，它比我们想象中更普遍。当我们沉迷于一个想法时，无论搜集了多少理性的证据，我们依然愿意相信那是一个好主意。我们就像想要打开圣诞树下的礼物一样，想要看到最终的成品。我们想要那个东西。

市场营销人员也知道闪亮对象的力量。阿尔弗雷德·P. 斯隆是通用汽车的传奇式领袖，他在 20 世纪 20 年代中期就开始通过每年在设计和样式上更新换代来为通用汽车创造客户需求。由于这个了不起的主意，新产品年诞生了。每一年，汽车制造商都会推出一款"年度车型",这是一种基于前一年的车型做出改进以吸引消费者的新款车型,其目的是保持高水平的价格和市场占有率。这种做法已经成为汽车行业的标准,也成了市场营销的核心。但在感知与响应的世界里,新产品和新功能越来越难成为市场活动的核心。开展大型市场活动需要很多时间以及周详的计划。当你不知道接下来会发生什么时,你如何继续推进?如果没有每年一度的更新换代,取而代之是小而频繁的调整,那么你如何开展大型活动?

通过指挥与控制,你可以为你的生产做计划,并早早开始推进这个计划。这能够使销售和营销人员有足够的时间计划他们的市场活动,并根据你预想的产出准备相应的物料。但是在感知与响应的世界里,这种计划几乎不可能发生。不确定性会带来很多冲突。不过,有很多种方法可以解决这类问题,例如利用市场营销和销售部门已有的优势。毕竟,市场营销和销售部门已经在与市场进行双向对话了。在实际操作中,我们发现了如下一些策略。

- 市场营销可以成为团队工作的一部分。感知与响应团队对定位、品牌营销和信息传递并不是很确定。如何最有效地传达我们的产品和服务?我们应该如何宣传产品和服务的优势？如何让人们兴奋起来？这应该是各个团队在事情发生之前而不是之后讨论的事情。把市场营销引入核心团队，可以让团队在更大的范围内进行试验，从新产品和新功能，到产品定位、品牌和信息传递。

- 市场营销人员也可以采用感知与响应方法。即使市场营销团队是独立运作的，团队成员也可以从感知与响应方法中获益。当今的市场营销活动越来越倾向于通过线上渠道进行，而产品和服务方面的不确定性也适用于市场活动。老练的市场营销人员早就知道如何测试营销活动并量化他们的工作影响。现在，这些方法比以往任何时候都更容易、更实用。

- 市场营销可以从销售产品和功能转向创建基于品牌和产品益处的营销活动。我们今天发布的新功能在短时间内会有显著的改进。通过专注于产品和服务的益处，市场团队可以开展敏捷的营销活动，而不用花费很多时间去研究如何推销新功能。这样，无论产品的功能如何变化，其核心信息不会改变。

- 只要付出足够多的努力，构建并协调大型活动依然是可行的，但这应该被视为例外而不是常态。这些大型活动具有较强的依赖性，这会降低流动性，所以企业应该谨慎开展这类活动。

### ➢ **帮助销售人员创造卖点**

有时候,在和感知与响应式团队一起工作时,销售人员会发现自己格格不入。当然,销售团队本身也是千差万别,有些团队的工作只是简单地做一做数据迁移,而有些人则从事技术含量很高的、定制化的销售工作。越是偏向定制化或咨询式的销售人员,就越有可能成为团队的核心力量,就像市场营销人员一样。

除了客户服务人员之外,销售人员和客户之间的交流是最多的。他们的工作方式就是和客户进行双向沟通。他们对市场需求、竞争对手的产品,以及行业发展的方向都有最深刻的见解。他们的看法可以被看作产品决策流程中重要的一部分。

然而,销售团队的激励机制和其他团队截然不同,尤其是在一种持续的文化中。销售指标往往规定了达成目标的时间,所以销售人员倾向于向客户承诺在某个日期之前提供某些产品功能。这种由销售驱动的产品研发会为研发团队带来各种各样的问题,而且这种固定的依赖关系会降低流动性,减少反馈和学习机会。

从销售的角度来说,变幻莫测的产品路线图会让他们很沮丧，因为这让他们难以向客户描述什么样的产品即将上市。将销售动态转变为更多的咨询过程，似乎是最有希望让销售人员融入感知与响应式团队的办法。当顾问式销售不能满足客户的需求时，团队还可以使用其他方法，例如提供优异的客户服务来促成销售。第四章提到的 Sonic 汽车团队便是如此。他们没有致力于销售利润最高的汽车，而是更注重提供优异的客户体验。他们知道，这是他们最大的财富，也是促成销售的最好方法。他们的佣金也取决于此。这个方法为销售团队和交付团队带来了双赢的结果，因为它既能帮助交付团队得到第一手的客户反馈资料，也能给销售人员合理的理由来联系客户，并为客户带去价值。

最后，如同市场营销团队，销售团队也会得益于使用感知与响应方法。适用于充满不确定性的产品研发和市场营销活动的检验和衡量方法，也会给销售活动带来巨大的影响。

### ➢ 放弃项目：持续的流程和项目管理办公室

软件也会使传统的项目思维变得过时。软件开发工作什么时候可以完成？答案是永远不会。所以，敏捷方法讲究的是设立长期团队，持续地负责一个产品，而不是开展有明确起始和终止日期的项目。所以，我们可以要求团队实现一系列的结果，而不是让他们开发一套产品功能，如同我们在第五章所讨论的那样。

事实上，这就是在 AutoTrader UK 发生的事情，它的团队不再每年获得一笔资金用于开发一套产品功能。确切地说，公司会对每一个团队进行季度性审核，以便了解一切是否正在遵循原定计划顺利展开。项目的目标是可量化的，其基础是以对业务有益的方式改变客户行为。公司每个季度给各个团队发放资金，用于改变客户行为。每到临近季度末时，公司就会和团队一起评估是否值得继续这么做。如果是，那么团队就会得到下一季度的资金。如果不是，那么团队就会换另一个项目，继续向前推进。

> ## 感知与响应模式带给组织的启示
> 
> ✓ 持续生产、持续决策以及持续学习是感知与响应方法的基础。
> 
> ✓ 当企业从制造转变为持续生产时——就像开发运营法、敏捷方法和精益初创所展示的那样——考

虑其他业务流程并将它们转变为持续流程是非常重要的。

- ✓ 产品经理必须重新思考发布管理策略，以控制客户的敏感度、合规性、季节性差价以及跨团队的依赖关系。
- ✓ 企业应该使用沙盘来明确团队运作的制约条件，使团队能有一定的行动自由。
- ✓ 各个团队应该尽早向利益相关人询问相关信息，而不是在事情发生之后寻求批准。妥协应该成为团队运营沙盘的一部分。
- ✓ 管理者应该重新考虑每年一度的预算流程，以便根据业务结果的进展，对团队进行更频繁的周期性进度检查。
- ✓ 市场营销团队必须适应新的世界，在这个世界中，他们常常在产品功能发布后才会了解其详情。
- ✓ 销售团队必须放弃做出功能和时间上的承诺，转而用积极主动的方式帮助团队了解客户和市场反馈。

# 第八章
# 营造持续学习的文化

我们在第一章提到过，1996年，马萨诸塞州政府想要建立一个全新的数字化系统，将全州100多个法院连接起来。该项目的目的是建立一个数据系统，共享法院记录和文档，帮助法院工作人员追踪案件，并促进各个司法管辖区域之间的合作。这个系统被称为MassCourts（大法庭），最初的预算为7 500万美元。该项目的大多数预算都流向了它的主要供应商德勤。[1]这个系统原本计划在5年之内启用，并由州政府负责持续维护和改进。但在2015年4月，《波士顿环球报》报道，19年过去了，这个项目依然没有完成。

虽然该项目延期严重、预算超支（州政府不得不动用其他资金来完成该项目），而且缺少现代化功能（例如，用户无法通过网页访问系统），但德勤声称自己交付了一个成功的项目。[2]一位专家证人迈克尔·克里格斯曼在州议会上做证时问道："这个项目在哪个星球上可以被认为是成功的？"[3]

德勤为什么宣称项目是成功的？这涉及了IT采购的运作方式。如同克里格斯曼所说的："要知道……我们必须考虑原始合同。通常，这些合同会根据项目不同阶段的成果而不是客户的业务成果来规定付款条件。"

这个案例确实如此：马萨诸塞州联邦的付款条款是基于新功能的交付规定的，而不是基于该项目是否满足客户需求，或者其可用性和业务成果。这意味着，只要德勤完成了产品某个功能的搭建，并且通过了公司的质量保证流程，它就可以得到相应的报酬。根据这个衡量方法，它完全可以提出收款要求，并且获得马萨诸塞州为这个项目投入的7 500万美元的一大部分。

这样的条款创造了一种交付大于成功的文化。你可以想象德勤在这场纠纷中的立场。它设定了条款，而马萨诸塞州也同意了。这有点儿像让你的弟弟看着甜饼罐子："你只是说要看着它们！你并没有说不许吃它们！"

# 工作方式与文化

你规定的工作方式就是营造文化的方式。如果你让员工创建新的产品功能，那么他们会听从你的命令，并且会十分重视这些新功能的交付，即使从全局来看，交付这些产品功能并不算成功。他们也会重视能够帮助他们交付新功能的个性和行为。如果你要求员工为最终的成功负责，你就是在要求他们以新的方式开展工作。虽然这种方式最终会形成一种新的文化，但我们需要有意识地进行文化转型，并且要重新塑造和维护新的文化个性。

换句话说，改变开展项目的方式是非常重要的第一步，但我们还需要在文化方面做工作。

> **工业时代的指挥与控制文化**

工业时代的指挥与控制文化推崇的是严格遵循计划——即使人们已经发现当前的计划完全不合理。员工不可以问问题，不可以惹是生非。他们只要单纯地把注意力集中在任务上就可以了。我们把这种文化称为"交付式文化"。交付式文化解释了为什么在20世纪80年代，美国汽车制造商们在第一次听到丰田的Jidoka（自动化，丰田独创的词汇）工序时，表示这种做法非常激进。Jidoka 指的是，在生产线上的任何一个工人都可以——也有义务——在发现异常现象或者质量问题时叫停生产线。这种做法的目的是在更多汽车受到影响之前解决问题。在问题解决之后，工人才能重启生产线。20 世纪 80 年代，美国工人在和丰田工人一起培训的过程中听说了这种做法，他们对此大为震惊。美国汽车厂商的一条神圣的法则是，无论发生什么，生产线永不停止。此刻的情景——交付文化遇到质量文化——展示了企业在接纳新价值观时遇到的挑战。

交付文化的价值观是达成生产目标和时间目标。这种文化与推崇发现并接纳突然出现的客户价值的文化之间存在明显的冲突。在交付文化中，人们没有时间和市场进行对话，也没有时间学习和重复。确切地说，交付文化鼓励员工和管理人员按照计划完成任务，而不是鼓励他们确认这些任务是不是应该首先完成的任务。

当你把人们正在执行的任务与连接任务和结果的逻辑分开时，糟糕的事情就会发生。你开始推崇顺序和纪律，而不是推崇思考、试验、解决问题和学习。在这些文化里，员工只要讨论一下手中的任务，就有可能被认为是桀骜不驯的。交付文化的特征就是自上而下的决策机制、持续多年的路线图、每年一度的计划周期，以及武断的截止时间。这不是一种建立双向沟通的文化。

因此，在软件驱动的行业里，这是一种过时且有风险的工作方式。

### ➢ 信息时代和分布式决策文化

与从上至下、讲究秩序的文化不同，感知与响应方法把决策推向了整个公司，这种方法允许公司中最了解客户、市场和当前情形的人来做决策。它重视这些人所知道的一切，更重视他们学习的能力。考虑到这一点，我们认为营造一种学习型文化有7个要素。

- 谦逊

  如果不知道结果如何，那么你可以通过探索来了解它。

- 允许失败

  探索就意味着我们有时会犯错，而这是被允许的。

- 自我管理

  当发现新的证据时，我们会继续学习，并向我们认为会产生最好结果的方向推进。

- 透明化

  透明化意味着共享新信息。无论信息好坏，我们都应该进行广泛的共享，以帮助其他人相应地调整他们的探索方式。

- 行动至上

  分析和深思熟虑很重要，但是经验来自行动。我们必须鼓励人们采取行动，而不是等待许可。

- 同理心

  对客户、用户和同伴的同理心，会帮助我们找到价值。

- 合作

  不同的观点会帮助我们找到更好的解决方案。

## 保持谦逊

凯伦·艾利特-麦克雷于 2011—2015 年在 Etsy 担任 CTO，他当时带领了一支科技领域的许多人仰慕的先锋团队。Etsy 的团队成员是开发运营风潮的领导者，也是开源社区的先锋。他们引入了无数种超越当时科技水平的技术。因此，当艾利特-麦克雷从 Etsy 离开时，他的一篇短评引起了广泛的关注。他认为，我们不应该关注技术上的成果，而应该关注文化——他任职 CTO 时所建立的那种文化。[4] 虽然他的职责是与技术相关的，但是他创建的文化要素渗透了整个企业。

艾利特-麦克雷在短评中阐述的第一点是十分谦卑的：他强调了软件的动态性。他说："我们对软件研发的任何'了解'都不应该被理所当然地认为是正确的。"这句话传达的（也许）就是感知与响应世界里最重要的文化价值——谦逊。

我们可以从理智上意识到这一点，然而，举止谦逊涉及了感性的一面。这意味着我们将面临巨大的压力，这些压力来自我们的合作伙伴、上司和希望我们能给予确定答复的客户。谷歌第一任企业级产品的产品经理拉延·赛斯说，在2006年，早期的客户曾找他索要谷歌的企业产品套件的三年路线图。赛斯和他的团队有一个美好的愿景，但是他们实现这个愿景的计划充满了不确定性。毕竟，从来没有人为企业构建过网页版产品，至少这并不是以谷歌所计划的那种规模进行的。这个团队创建了一个十分灵活的路线图，即便如此，该路线图也只涉及一年的计划。"我连三个月之后要做什么都不太确定，又怎么能知道三年之后要做什么呢？"赛斯如是说。[5]

对管理人员来说，这是一种非常艰难的处境。在赛斯的这个案例里，他让企业客户购买的是像邮件系统这样的可以在企业中使用10年之久的产品。看着客户的眼睛说"我真的不知道我们会如何做成这件事情，但我有信心我们会成功"，这太难了。除了直接面对压力，很少有人能像赛斯一样，承认我们不知道。相反，我们往往会选择制订计划，做出承诺，并确定预算。在短期内，这看起来是一个更好的选择，因为这些策略可以帮助我们避免难以应付的会谈；但从长期来看，这往往会适得其反。客户和利益相关者愿意相信项目是可以被预测、计划并编入预算的。但是如果发生了一些不可避免的事情，越来越复杂的情况扰乱了我们精心准备的计划，那么我们就会面临一个新的问题：报告坏消息。为了避免计划和现实之间的差距，我们的压力会大到完全无法学习，更不用说解决问题、让生产线持续运转并在截止日期之前完成任务了。

在一家首屈一指的金融服务公司就职的一位管理人员解释道："备受煎熬的其实是传统的产品负责人。在过去，他们以特定的方式做决策。他们习惯于把自己视为专家，他们习惯于有答案在手。至今为止，通过采取这样的工作方式，他们的职业生涯十分成功。然而，新的决策方式更像是和客户交流，这让那些人感到非常艰难。"

所以，谦逊是学习型文化中的一块很重要的基石。承认我们并不知晓一切，意味着我们必须找到一个方法来获取答案。为了成功，我们必须想方设法地了解如何学习我们应该学习的东西。

## 允许失败并建立安全环境

想要促进学习型文化的发展,你需要让团队成员感到他们可以放心试验。试验是我们学习的方式,但其特性就是常常会失败。在一次好的试验里,我们从失败中汲取的经验教训和从成功中汲取的经验教训一样多。如果因为失败被斥责,那么各个团队就会尽量少冒风险。

我们曾经服务于美国一家大型金融服务公司,帮助他们了解如何把研发实验室的概念落地。在早期的会谈中,我们提出了一次又一次的试验建议。然而,每个建议都得到了相同的回复:"噢,我们不能这么做,因为……"这令人十分沮丧。当然,除了我们,我们的委托人也感到挫败,因为我们都想以这种方式开展工作。同样令人沮丧的是,他们的团队成员是正确的:鉴于我们提出的策略中可能存在的风险,他们并未被允许进行尝试,即使对我们来说,这些风险看起来是微不足道的。在数月后的一次跟进电话会中,一位年轻的管理人员告诉我们,虽然不被支持,但她还是开展了一些小试验。这些试验很成功,她的上司也祝贺她获得了成功——同时告诉她再也别这么做了!

我们在第七章中讨论的建立沙盘就是降低试验风险的一种

方式。这种想法指的是创建一套企业能够接受的流程、规则和约束条件。在此范围内，失败是可以接受的。然而，流程上的准则只是沙盘的一部分，我们还需要相应的文化来支持试验。也就是说，你要让你的同事和管理层了解，事情的发展不是线性的、可预知的，而他们的评判标准不应该是你的交付率（你交付的事物的数量），而应该是你的学习率以及你为了达成战略性目标所取得的总体进展——换句话说，他们应该根据你完成的结果来评判你。

各个企业常常通过举行不追责的事后讨论会来建立允许失败的企业文化。这种定期会议给了整个团队一个机会，让成员们回顾最近一个周期（产品发布周期、季度等）所做的事情，或者回顾一个具体的事件，并开诚布公地探讨哪方面做得好，哪些做法还需要改进，以及哪些事情不应该再继续。通常，这些事后讨论会由团队以外的人主持，以避免产生偏见或者利益上的冲突。我们可以把这种活动视为对团队工作方式而不是产品的持续改进。

举办这种活动是为了把失败转化为学习的机会。为了从失败中汲取经验教训，你需要对发生的事情进行准确的评估：为什么发生了这件事以及应该如何避免再次发生这件事。如果把这样的调查看作寻找责任人并让其从此遵守纪律，那么一切都会很简单。但如果这就是调查的目的，那么相关人员不会有动力去分享真正发生的事情。相反，他们会想方设法地掩盖问题以逃避惩罚。所以，为了鼓励团队成员学习，不追责的事后讨论会必须提供一个坚实的保障，鼓励团队成员畅所欲言，而不需要担心惩罚。这个保障必须一直存在。

　　沙盘、不追责的事后讨论会，以及其他可以让员工放心失败的学习策略，都可以帮助企业减轻它要面临的重大风险。企业通过鼓励员工进行少量的冒险来支持团队进行学习并根据条件的改变做出反应。许多企业很难接受这样的改变。相反，它们通过进一步加强流程管控来减轻所有的风险。这种方法包含了其他的风险。它能识别小的执行层面的风险，并寻求完全控制它们，但对一些大的生存风险视而不见。执行层面的流程管控一旦被加强，团队行动的自由度就相应地降低了。当团队成员发现自己没有什么自由能偏离"标准"流程时，他们就会变得不那么有好奇心，转而寻求更安全的解决方案。也就是说，他们更有可能保持原样，即便市场环境已经改变，技术已经改进，而且出现了给企业地位带来挑战的新模式。

## 自我管理和协同

网飞是另一家采取了非常积极的方法来营造并管理文化的公司,它反对将流程管控作为运营的核心准则。该公司的管理者认为,"流程只会带来诱人的短期成果"[6]。相反,网飞重视雇用负责任的人,允许他们在制约条件的范围内开展工作,并允许他们失败。因此,它为个人和组织创造了成长和进步的机会。

这种方法在很多方面都体现了道格拉斯·麦格雷戈在管理学上著名的 X 理论和 Y 理论。[7]麦格雷戈是 20 世纪中期的管理学理论教授,也是《企业的人性面》的作者。他曾提出,管理人员至少有两种截然不同的看待员工的方式,他们对人性的假设直接决定了他们的管理方式。X 理论认为,人们基本上都是厌恶工作的,雇主必须通过严密的控制、强迫和威逼利诱来控制员工。员工不用感知、不用响应、不用学习。这个理论认为,员工会逃避责任、逃避工作,他们都喜欢管理人员给出清晰的指令并进行严密的控制。

X 理论描述的是工业时代的许多管理人员的世界观。在一个可以被预知的世界里,制造、成本以及产品的使用都为大众所熟知,所以,X 理论所描述的管理方式被认为是正确的文化。

X理论认为管理人员不可以相信员工会做出合理的决策。这与自上而下的管理模式不谋而合。在这样的管理模式中，管理人员负责思考，员工负责体力劳动。也许在实际情况中，这种管理方式有其存在的道理，但丰田生产体制的成功对其进行了反驳，那是一种将思考和决策引入生产线的生产体制。

然而，对信息时代的员工来说，思考和决策就是他们的工作。而且在学习型文化中，我们都是信息工作者。在这个世界里，X理论式的管控会使企业更快地走向本末倒置。

与X理论相反，麦格雷戈将Y理论定义为一种基于马斯洛需求层次理论的世界观。Y理论认为，安全感和恐惧感并不是员工的唯一动机。确切地说，Y理论认为自我管理、与更宏大的使命保持一致以及改善社会的愿望是推进工作、结果和创新的动力。在使命清晰并且组织一致认可这一使命的情况下，自我管理机制就会越发成熟并带来出众的结果。懂得自我管理的员工会希望为质量、合作、创造力和学习承担个人责任。

这就是为什么使命一致在感知与响应的世界里如此重要。员工需要理解他们的使命，理解这对他们意味着什么，理解他们的工作与使命的相关性，并理解他们如何为达成使命做出贡献。

软件行业对Y理论管理方式的偏爱是普遍且深刻的，这体现在了《敏捷宣言》中。该宣言中的一条原则是:"以有动力的个人为核心构建项目。提供员工所需要的环境和支持,并相信他们能够达成目标。"[8]

## 透明度

21世纪初,诺基亚站在手机行业的顶峰。在智能手机出现之前——第一台iPhone在2007年面世——诺基亚是毫无争议的领导者,后来它却步履蹒跚。它无法对市场的变化做出有效的反应,因此,在苹果手机问世仅7年之后的2014年,诺基亚将它的手机业务卖给了微软。不过,这个业务依然举步维艰。到2015年底,它只占了全球智能手机销量的1%。[9]到底发生了什么?

夸伊·许伊和蒂莫·沃里是欧洲工商管理学院(INSEAD)的战略学教授,他们最近的一项研究发现,"在(诺基亚的)中层和高层管理团队中蔓延的畏惧情绪导致整个公司都产生了惰性,并使它在应对苹果推出的改变游戏规则的设备时毫无还手之力"[10]。在研究中,他们发现了这样一个状况:"喜怒无常的领导层和畏首畏尾的中层管理人员都害怕说出事实。"因此,企业的高层人员无法了解准确的市场环境;中层管理人员要么报喜不报忧，要么干脆不向领导层汇报目前真实的工作状况。

由于只听到了好消息，公司高层人员在技术野心和交付时间方面变得越来越苛刻。但这些要求是不切实际的，因为公司团队已经远远落后了。这使得产品质量陷入了低谷，而诺基亚这个曾经的技术强者也不得不将它的智能手机操作系统外包出去。

古希腊剧作家索福克勒斯曾经写道："没有人会喜欢带来坏消息的信使。"据此，我们知道人们往往会禁不住责备信使。而这会使国王缺少他统治所需要的信息。我们组织里的信息流通亦是如此。这导致了——至少在诺基亚的团队中是如此——夸伊·许伊所说的"大众的沉默"。在这种沉默中，没有人愿意说出真相。而诺基亚如果了解到了某个真相，也许就能拯救自己的智能手机业务。为了在信息时代蓬勃发展，我们需要信息。因此，提倡透明化的企业，也就是开诚布公地共享信息的企业，就是能够发展的企业。

迈克·布兰德曾就职于谷歌，目前是 18F 的实践主管。他最近写了一篇文章，描述透明化在他的工作经历（先是在谷歌，最近则是在政府）中起到的重要作用。布兰德建立了一个网页版信息中心，旨在帮助 18F 的客户找到伙伴、了解伙伴在做什么，以及共享知识。他写道："我们认为，我们的工作方式就像我们提供给合作伙伴的产品一样重要。产品是流程的体现。通过建立一个开放、蓬勃的学习型组织，18F 为其他的联邦机构设立了榜样，也为它们提供了一个案例，让它们可以将相同的方法引入自己的团队。"[11]

## 行动至上

如果你曾在任何企业供职过一段时间，那么你就会发现，有些议题会一次又一次地出现。有时你会听到有人把这些话题称为"圣战"，因为这些话题有一个特点，那就是围绕着它们的争论经久不衰，并且参与争论的每一方都笃定自己是正确的。当这些话题被提及时，你有时能听到支持者较少的那一方抱怨道："又来了。"

这样的辩论往往会让大家感到十分气馁，因此，避免这样的情况发生是非常重要的。感知与响应团队的一个流程要点是，你需要做出许多小决策，寻求反馈，评估证据，接着再次决策应该如何前进。如果不停地参与辩论并分析数据，那么你就无法快速完成工作。实际上，冗长、重复的辩论常常是没有足够证据的表现。在这种情况下，你需要采取行动来找到更多的证据，给出见解，并允许团队在学习中找到继续前行的路。你需要和市场有双向的交流。

不确定性是我们的敌人和绊脚石。就像我们之前阐述的那样，在信息时代，我们无法总是准确地预估我们的措施会起到什么作用。我们不能用牛顿数学来预测软件产品的表现。相反，我们必须尝试事物、检测想法、进行探索。简而言之，为了向前推进并让一切清晰明了，我们必须采取行动。

在我们的第一本书《精益设计》中，我们提到的一条原则是，各个团队需要优先考虑行动，而不是分析。我们鼓励产品团队通过行动——可以是制造一个原型，开展一项试验，或者进行一次客户访谈——来获取他们没有的信息，而不是坐在会议室里辩论一个想法的有效性。

这个方法同样适用于管理层。当公司的工作方式随着技术带来的不确定性而改变时，管理层必须鼓励行动至上，鼓励员工通过试验来制造你做决策所需要的数据。

## 同理心以及客户价值

几年前，设计研究员杰瑞德·斯波尔研究了一些团队，以便了解与客户接触会如何影响产品的成功。据他在2011年发布的研究来看，每6周与真正的客户会面至少两个小时的团队会生产出更好的产品。[12] 在研究中，斯波尔把这个重要的指标称为接触时长，也就是团队每个成员和客户接触的时间。另一些团队致力于各种调查，但这些调查只有调查专员参与，这些团队的产品质量并没有得到显著的提升。研究结果的另一个要点是，调查不可能一次就成功，它必须持续进行；研究发现，至少每 6 周一次的频率是一个神奇的数字。

换句话说，反复与体验了真实问题的客户接触有助于团队在实践中进行更有同理心的交流，从而促使团队关注能够为客户增值的解决方案。

感知与响应方法认为，提供客户价值是实现业务价值的必要途径，所以客户价值就是企业所做的所有事情的核心。这就意味着，企业必须针对其服务的客户建立并保持高标准的同理心。企业中的每一个人，从 CEO 到呼叫中心的业务代表，都必须了解客户想要达成什么目标、他们现在的阻碍是什么、你的解决方案会怎样帮助他们解决这些障碍。同理心会帮助我们在各种不确定性中找到一条康庄大道；它会帮助我们在各种假设中拨云见日，从而更好地了解我们的客户和他们的需求；它会帮助我们站在客户的角度思考问题。

在全球竞争中，同理心有时是企业维持强大市场地位的唯一机会。德国的视频点播服务平台 Maxdome 就这样在 2015 年找到了自己的定位。Maxdome 面临着两大挑战，其中之一是德国市场对点播服务普遍持怀疑态度。网飞和亚马逊 Prime 都在按部就班地在短期内实现本地化。作为德语大众传播媒体巨头 ProsiebenSat.1 的子公司，Maxdome 决定彻底改造其服务及其企业文化。

Maxdome 的 CEO 马文·朗格知道他无法在以产品功能为基础的战争中与网飞和亚马逊 Prime 这样基础雄厚的对手抗衡。[13] 所以，朗格没有给他的团队一个功能列表，然后让他们开始研发，而是给了他们一个战略性的挑战——一个使命：在"视频探索"和"内容灵感"方面成为最好的服务提供商。公司不会根据团队研发出的产品功能来衡量项目的进展。确切地说，参照标准是客户获取、服务使用和客户留存率。

为了了解如何让内容灵感和视频探索引人注目，朗格给了他的团队一个额外的挑战：去了解客户。朗格告诉我们，一个了解客户需求、痛点和文化偏好的企业，最终一定能提供出众的服务。"作为管理团队，我们现在通常会要求每个人对所有事情都进行真实的用户测试，并且把客户放在首位，"朗格告诉我们，"这听起来非常基础，但事实并非如此。"为了做到这一点，朗格推出了 5 个策略。

首先，他要求每个经理每月接听一次客户服务电话。客户经理的职责是在前线了解客户的不满。客户为什么打这个电话？产品哪方面做得不好？改进的空间在哪儿？Maxdome的经理们可以轻松地接收包含这些信息的月报，但直接从客户口中听到这些问题所带来的不适，能够确保这些问题不会在功能优先级的讨论中石沉大海。

其次，每年在临近假期时，Maxdome的经理们就会开始尝试在德国繁忙的商业街上推销他们的服务。这种方法比接听线上服务电话更进一步。经理们不仅在寻求客户的意见或投诉，而且在积极地尝试说服路人现场购买他们的服务。（我们整本书都在说和市场进行双向沟通。有时候，我们是在打比喻，但在这个案例中，经理们实实在在地跟他们的客户进行了对话。）经理们会尝试各种各样的街头销售策略，看看哪个能奏效。能在大街上把陌生人转化为客户的推销手段和方法，会被融入下一年的市场营销、广告内容以及产品研发中。

Maxdome的另一个策略是倾囊支持与接触客户相关的项目。企业中的任何一个人都可以发起与客户交流或者用户体验相关的研究，以确定如何（或是否）推进某项计划。唯一的要求是，这些研究所得的知识与见解必须大范围开放，并且可以应用于决策。自从朗格在2015年成立了这个项目，Maxdome每年都会有40~50次的研究。

另外，Maxdome 启动了一项名为"吃狗粮"（Dogfooding）的项目，该名称源自"吃你自己的狗粮"这句俚语。企业让员工定期在下班后使用他们自己开发的服务进行娱乐。如果你想要激励团队经理设计并开发一个直观且易于使用的视频搜索产品，那么这是最好的方法了。想象一下，三岁的女儿大喊大叫地表示想看自己最喜爱的卡通节目，而爸爸却在笨拙地摸索着，与愚蠢的菜单界面、迟缓的搜索结果以及糟糕的内容做斗争——这是产品经理不能接受的事情。

Maxdome 的最后一个策略是知识转移。公司每个月都会举行全员大会，所有人共同分享他们搜集到的客户洞察。他们会讨论看到的新的行为模式，思考这些行为模式会如何影响产品计划。另外，朗格总是会分享一些简短的关于经理们在呼叫中心工作的剪辑视频。这有助于表明同理心是全公司都关注的话题。

这些策略最终体现了 Maxdome 致力于建立一种以针对客户的同理心为出发点进行持续学习的文化。一旦有了新的客户洞察，公司团队就会马不停蹄地重新评估他们的计划，并不断修正他们的重心，使工作方向越来越准确。对他们来说，成功的判断标准就是客户行为。如果他们能够正向地影响客户行为，那么这部分工作就是成功的；如果不能，那么他们会认为这是一个学习的机会，而不是失败，他们会快速地评估怎样才能让下一次努力有更好的回报。

这个方法对 Maxdome 的帮助不仅体现在了产品质量上，而且体现在了其他领域中。意料之中的是，当人们可以做高质量的工作时，他们的满足感会得到提升，这就是 Maxdome 所看到的。朗格透露说，从这个项目启动开始，愿意推荐他人来 Maxdome 工作的员工数量成倍地增长，从 35% 增长到了 70%。

## 合作、多元化以及信任

1959 年，音乐家迈尔斯·戴维斯成立了一个六重奏乐队，录制了一张新专辑《泛蓝调调》(*King of Blue*)。在乐队成立之初，几位音乐家对他们要演奏什么样的乐曲几乎毫无头绪，也没有进行任何排练。当时，戴维斯正处于职业生涯的巅峰，但他已经开始对自己演奏了 10 年之久的比博普（爵士乐的一种）感到失望。他开始尝试一种全新的风格，调式爵士，并想把这种风格融入《泛蓝调调》这张专辑。

仅仅用了两天，该乐队录制了一张有史以来最畅销的爵士乐专辑，这张专辑被世人看作有史以来最伟大的一张爵士专辑。一位评论家写道："《泛蓝调调》不仅仅是迈尔斯·戴维斯的艺术巅峰之作，它是一张超越了其他爵士作品的专辑。这张专辑可以被视为爵士乐的一件代表性作品，一个全球认可的标杆。"[14] 这是如何发生的？戴维斯建立了什么样的鼓励创新的文化？

在 2011 年的 TED 演讲中，一位卓有成就的爵士音乐家斯特芬·哈里斯指出"舞台上没有失误可言"[15]。他说，艺术家演奏出的每个音符都是一个把"产品"转向新方向的机会；但是，只有当你倾听乐队成员的演奏，并准备好抓住这个由乐队成员的演奏所创造的机会时，这个机会才会出现。哈里斯解释说，这样的合作和倾听，以及这种开怀接纳成员的行为的意愿，是爵士即兴演奏发生的前提条件。

爵士是一种即兴的音乐。它无法被预知、记录，或者精确地编写出来。即兴音乐是自由和约束相互作用的结晶。音乐家会遵循一定的约束——音调、节奏、和弦的变化——这是让他们和谐相处的规则；但是，他们也会追求自由，在约束范围内自由发挥。我们所说的"失误"指的是音乐家一时疏忽地越界了，他们演奏的音符不在既定音调上，或者没有遵循现有的节奏。机敏又相互配合的乐手们会抓住这个时机，把它变为机会。他们接纳了这个新的音符，明白这意味着转向一种新的曲调。

第八章 营造持续学习的文化

在那个时刻，他们决定走向一个新的方向。

这就是戴维斯的秘诀。他是一位即兴演奏大师，与这些音乐家合作已久。即使他突然从比博普转变成了调式爵士，他也只是改变了约束规则，而底层蕴含的工作方式——合作、倾听、即兴演奏的技巧——不曾改变。戴维斯用"草图"的形式为每首歌提供了愿景。这就像是一种战略，是乐队的高层方向。然而，他也是谦虚的，容许其他乐手在演奏过程中展示他们的才华。戴维斯营造了一种氛围，使得那些有才华的团队成员——比尔·埃文斯、约翰·柯川、加农炮·阿德利、保罗·钱伯斯、吉米·科希——总是能冒出新点子。戴维斯的草图明确了方向，而演奏家们共同创作了音乐；他们在这里加入一段钢琴独奏，在那里加入一段萨克斯伴奏。他们相互倾听。音乐成了峰与谷的对话，图与形的交流。

合作对感知与响应方法来说是至关重要的。合作始于这样一个概念：一个规模较小的团队，以较短的迭代周期一起工作，这将需要多元化的技能。这样的团队没有时间进行冗长的、次序性的交接工作。我们在第六章对此进行了详述，但也想在这儿略说一二，因为合作中的文化因素会促使合作的发生。

合作的力量如此强大的原因之一是，它能让持有不同观点和技能的人协同为解决一个问题努力。当然，合作的挑战就是不同的人有不同的价值观、不同的假设、不同的倾向和偏好，并且会产生不同的认知，这是多元化力量的来源，也有可能成为冲突的根源。为了把这个成员背景不同的团队转变成一个有生产力的团队，而不是一个对任何人都开放的团队，你需要为团队成员设立共同的目标，并帮助他们建立信任。

在托马斯·爱迪生位于新泽西门洛帕克的著名实验室里，情况尤其如此。爱迪生和他的雇员们常常在实验室里熬夜做实验。在这些深夜里，爱迪生主持他所谓的"午夜午餐"活动，和他的雇员们一起进餐、讲故事，甚至唱歌弹琴。这些活动帮助所有人放下了工作和职责，相互了解对方。[16]这种活动建立了信任的基础，并且能在有需要的时候发挥作用，比如一个工程师和一个产品经理围绕着某个产品的功能发生了分歧的情况。

我们有时候会忘记社会纽带的重要性，但是当人们讨论有创新性的团队时，社会纽带这个概念就会反复出现。最近，在一篇关于建立高效的设计工作室的文章里，设计师里斯·纽曼和卢克·约翰逊列出了建立一个好的设计实验室应该遵循的15条原则。其中许多原则都与在团队中建立良好的社会纽带有关。例如，通过互道"早上好"和"晚安"来建立一种彬彬有礼的社会文化；鼓励笑口常开以减少冲突，同时让人和人之间更亲近；一起吃饭下厨，鼓励大家放下戒心；在户外聚会，促进人与人之间的信任和开放的心态；把工作以外的事物带进工作室，或者分享家庭生活和业余爱好，从而使大家变得更有人情味儿。除了设计工作室，对任何一个团队来说，这些都是很好的做法，因为它们能建立促进合作的氛围。[17]

## 文化变革

我们如何改变文化？对于这个问题，我们没有简单的解决方案。对管理人员、顾问和专家来说，这是一个无休无止的辩论话题。关于这个话题，大家众说纷纭。一个专家宣称："文化就是交流。"另一个权威人士写道："文化是你做了什么，而不是你说了什么。"然而，另一个人又表示："文化就是当CEO不在时，你想做的事情。"从某种程度上来说，这些说法可能都是对的。换句话说，这些想法也许并不矛盾，但它们可能只是冰山一角。文化建设就像我们在本书中提到的很多事情一样，充满了不确定性。

那么我们应该从何入手呢？我们认为，重要的第一步（也许并不出乎大家的意料）就是承认文化在不断变化，就像所有其他的事情一样。Buzzfeed的执行编辑沙尼·希尔顿告诉一位记者："我们仍然处在一个想办法把事情弄明白的阶段。我们喜欢改变，习惯改变，也因为改变而心灰意冷。我们的规模越大，就越难让大家意识到，我们不需要再用过去半年的方式做事情了。"[18]

约翰·博思威克既是风险资本家、企业家，也是有着"纽约创新孵化器"之称的Betaworks公司的CEO，他表示："每一个变化、每一次创新都被认为是新常态，一种新的稳定状态，但实际上，新常态是一种不断创新的状态。"[19]

文化变革当然源自做新的事情。这种"以行动为中心的文化建设"的观点，源自"文化就是你所做的事情"的理念。Maxdome的故事告诉我们，通过鼓励大家做新的事情，你会获得全新的认知和观点，从而在文化中注入新的元素。为了让大家做新的事情——以及你想让大家做的事情——你需要具有领导力。

换句话说，文化变革必须由人引领。把拥抱变革视为一种文化价值，应当始于企业的高层，始于董事会和高级管理人员的透明度和谦逊。这会影响我们与公司中的其他成员对话的方式，也会体现在我们与公司交流的方式上。例如，《纽约时报》的执行主编迪安·巴奎特分享了他对新闻编辑部未来的计划。

随着我们进入数字化时代，新闻编辑部正在做各种尝试，以适应新的时代……

我们开始摆脱书桌，关注新闻报道本身，而不被印刷截止日期吞噬。我们启动了一个以小组为单位的数字化培训方案。我们从几乎不知道读者习惯的改变，到把它们变成了我们日常交流中不可或缺的一部分……

当我们在试验新的讲故事方式时，我们会开诚布公地自由辩论。

任何把今天的《泰晤士报》与它往年的版本做比较的人，都会发现今天的《泰晤士报》有多强大。我的目标是保证我们的继任者会编写出更好的报道。[20]

这段备忘录涉及了我们在本章讨论的大多数要点：敢于尝试的意愿、开诚布公的辩论、强调同理心，以及拥抱持续的改变。

## 把文化放在第一位

文化并不是只来自管理层。实际上，你无法把某种文化强加给一个企业，至少不可能避免这样做的巨大的副作用。Zappos的创始人谢家华在2015年尝试过这种做法，他强制要求他的1 400名员工接受合弄制——一种摆脱管理人员和流程，推崇自治集体的管理风格。谢家华声明，任何不想在新体制中工作的人都可以拿着赔偿金离开。有报道说，多达18%的员工选择拿着赔偿金离开，而在留下的员工中，许多人都饱受折磨，他们经历了一段斗志低落的时间并且产生了被背叛的感觉。[21]

相反，自上而下和自下而上结合的文化变革方式似乎更为有效。这也印证了我们在感知与响应方法中看到的模式。当人们以新的方式工作时，管理者应当注意他们新的行为举止，支持他们并扩大他们的影响力，同时鼓励那些起到了领导作用的文化领袖；在企业中，管理者应当建立一个反馈机制，支持新文化的出现；管理者应当鼓励有机地发生的事情，并进行探索和试验，从而更多地支持他们想要推进的那些事情。你也许事先不知道自己想要什么，但当你看到它时，你会认出它，接着就可以在此基础上构建它。

凯伦·艾利特-麦克雷在我们之前引用的短评中也说道："你可以通过大范围而不是小范围的优化来建立学习型文化。久而久之，团队的改进——共同的工具、实践方法和信仰——会比个人的才华更加重要，也更加令人有成就感。"他所暗示的是，持续改进不是个人的事情，也不是某个部门的职责，而是整个公司的要务。

第八章 营造持续学习的文化

## 感知与响应模式带给组织的启示

- √ 感知与响应方法不仅涉及流程的改变,而且要求企业建立一种学习型文化。
- √ 学习型文化的要素包括谦逊、允许失败、自我管理、透明化、行动至上、同理心和合作。
- √ 管理人员必须在自己的工作中展现这些价值观,并在公司出现这样的价值观时进一步鼓励。
- √ 文化变革充满了不确定性。文化实际上是企业内部持续进行自我交流的产物。所以,你可以用感知与响应的方法来应对文化变革:观察什么是可行的,扩大其影响,同时不要害怕尝试。

# 结　语

世界经济正处在一个非凡时期，数字化技术使许多独特的变革都成了可能。这些变革给我们带来了前所未有的威胁和（如果我们能采取行动）受欢迎的机遇。然而，在这个特殊的时期，虽然变革就发生在我们身边，但还有许多变化并没有被记录下来。我们应该看到这些变化，并竭尽所能地做出响应。有些响应已经被人们发现是行之有效的，我们在书中尽力描述了它们，希望这本书会给你们一个起点。

还有其他响应方法正等待被发现、尝试和验证。也许你尝试的一些方法是有效的，而另一些是无效的。这就是创新的本质，我们希望我们已经描述清楚，这个反复试验并犯错的过程既是我们唯一一个合理的策略，也是我们前进的最佳道路。

总之，转型时期已经到来，各个企业必须顺势而行，而实现这一点则需要领导者发挥作用。也就是说，转型需要有人来引领。基本的、自下而上的改变之心则要来自团队。以我们的经验来看，这应该不成问题。人们希望以新的方式工作，而目前的关键在于领导层的态度。所以，领导者是时候离开舒适区，接纳感知与响应世界里的新想法和新方法了。

## 与变化中的世界一起改变

数字技术是所有变化的驱动力，也是业务发展的新资源。这些资源与我们在20世纪所用的那些资源不同，而且它们的力量和复杂性都要求我们使用新的业务流程。坚持使用老旧的指挥与控制方法，也就是传承自传统制造业的那些方法，不仅效率低下，而且十分危险。这些方法忽略了数字化服务本身固有的复杂性以及它带来的不确定性。这些方法会导致我们产生错误的预期，阻止我们发现价值，妨碍我们了解如何开拓价值并提升我们创造价值的能力。为了在数字时代茁壮成长，我们必须放弃指挥与控制方法论，转而使用感知与响应方法论。我们的竞争对手已经采取了这样的行动：有一些大企业被一些把感知与响应方法论视为自己与生俱来的权利的小公司吞噬了。

感知与响应方法论依赖的是连续不断的反馈机制——一种企业和员工之间持续进行的对话（包括比喻意义上的对话和

实际意义上的对话）。这样的对话能够帮助我们了解客户重视什么，并帮助客户表达他们重视什么。这些对话使我们能够尝试各种事物，看看什么会奏效，然后做出相应的调整，直至我们发现平衡各种因素的关键点：能够同时为客户和企业创造价值的东西。这种在不确定性中工作的方式，已经在许多领域中发展起来了。我们看到这种持续的、以反馈为基础的流程以各种方式出现：敏捷方法、开发运营、设计思维和精益创业。这些方法就是未来，而我们如今的挑战是审视我们的组织和机构，并顺势发展它们——或者承担它们被新生事物取代的风险。

## 用新的准则经营公司

变革将会越来越深入。正如我们所讨论的那样，变革会渗透企业的各个部门。财务部门需要重新评估预算流程。产品管理部门需要重新评估路线图和产品线规划。市场营销和销售部门则必须从一个可预估的、以功能为基础的世界转向一个持续创造价值和成果的世界。年度车型已经成为过去。

法务和合规部门需要与交付团队一起找到安全的、能够促进持续学习的方法。换句话说，技术不再只是一个 IT 问题。技术的节奏正在改变商业的节奏，我们都需要顺势而变。

结　语

## 以原则、工具和故事为起点

好消息是，有一些公司和机构正在这样做。现在，有一些可以遵循的原则，有可供人们使用的丰富的工具，还有我们在本书中向读者传达的可供借鉴的成功和失败故事。实际上，这个特殊时期最大的优势在于，数字文化的本质是开放的。在实践层面，应对变革的方法论正在被广泛传播，而社区也随之发展了起来；也就是说，寻求同伴的帮助变得非常简单。你只需要寻找你的同伴社区，无论是CFO（首席财务官）的超越预算圆桌会议，还是某个与市场营销人员或律师相关的工作组。

记住，这一切的主要原则是不变的：双向沟通必须优先于遵循预先确定的行动计划，这种双向沟通以学习、持续流程和以客户为中心的价值定义为基础。跨职能的合作必须在企业的组织架构中占据主导地位。

## 抓住变革机会并不容易

我们从不认为变革是容易的，也无法告诉你如何变革。企业中的变革以其自身的独特性为基础。当有远见的领导层意识到周围的改变，并鼓励他们的同事研究改变的来源时，变革就会发生。了解其他人正在做的事情和别人发现的已经奏效的方式，是一个很好的开端。有多少家像网飞这样从最开始就接受了变革的公司，就有多少家像百视达公司这样未能建立起它生存所需要的适应性的公司。

## 这一切是值得的

我们已经看到了有生命力的企业的样子，我们希望这本书能够为你们描绘出一幅生动的画面。这些企业是学习型企业。领导者不惧怕试验和失败，因为他们知道这就是学习的方式。通过学习，他们找到了成功之路。企业中的员工忙于学习，他们收获了个人成长和满足感；他们通过独立或团结起来的方式全力应对他们所面临的挑战；他们找到了通往成功的新方法，并与其他成员分享了这些方法；而且在体验过这样的文化之后，他们不愿意再回到过去的工作方式。

## 学会成长

我们希望你们把本书当作战斗的集结令。我们希望你们能挑选本书提到的一到两种方法在工作中进行试验：找一个同事开始一次讨论；跟你的团队成员讨论一下你们可以进行什么样的内部变革；与上司交流，说说你们可以如何采用书中的一些方法；与你的供应商和客户交流，看看你如何找到自己的立足点。我们希望你能带着学习者的心态开启这个旅程。这一路上既会有失败，也会有成功，我们希望你都能欣然接受。

最后，我们——杰夫和乔什——希望你会和我们保持联系，并分享你在旅程中的所学所知。在本书中，我们已经竭尽全力地分享了我们目前为止在工作中学到的东西，但我们知道，我们的学习远未结束。我们会继续前行，与正面临着这些挑战的人和公司交流，我们会继续分享我们的发现。你可以通过邮箱联系我们：jeff@jeffgothelf.com 或 josh@joshuaseiden.com。请一定与我们保持联系，祝你好运！

# 致　谢

如果没有朋友、家人、工作伙伴、同事以及行业专家的慷慨帮助，这本书就无法完成。我们非常感谢所有人给予我们的帮助，并尤其想对一些人表达感谢。

首先，感谢《哈佛商业评论》的编辑杰夫·基欧以及他所在的杰出的团队，他们给予了我们很大的帮助。我们特别感激斯蒂芬尼·芬克斯，虽然他有两位正在合作的设计师，但他还是亲自为我们设计了精美的封面。感谢我们的经纪人埃斯蒙德·哈姆斯沃思帮我们与出版社取得联系。我们十分感谢布鲁斯·韦克斯勒，他使我们得以与埃斯蒙德和杰夫合作。我们也十分感谢斯蒂芬·帕里关于书名的建议。

不得不提的是Neo项目中的所有同事和工作伙伴，我们从他们身上获益匪浅。他们加起来共有100多人，所以我们很遗憾不能在这里提及所有人的名字。但是，我们非常喜欢且欣赏你们。

我们很感谢一些热情的读者在最后阶段帮我们审阅原稿。吉夫·康斯特布尔和莱恩·戈德斯通都对我们的原稿提出了严格的要求。特别感谢维多利亚·奥尔森在本书即将完成之际提出了许多一针见血的意见。

从事精益和敏捷开发的同事给予了我们灵感和支持：比尔·斯科特、埃里克·里斯、杰夫·巴顿、巴里·奥赖利、乔纳森·伯特菲尔德、戴维·布兰德和约诺·马兰克。

我们尤其要感谢这些奋战在前线的伙伴们，他们花了大量的时间进行研究，帮助我们了解如今组织的内部情况。感谢尼尔·威廉姆斯、丹·诺斯、索尼娅·克雷索耶维奇、丹·史密斯、伊恩·缪尔、丽贝卡·亨得里、雷萨·赖歇尔特、比尔·德鲁西、戴夫·克罗宁、丹·哈勒尔森、格雷格·彼得罗夫、布鲁斯·麦卡锡、马蒂亚斯·基维涅米、弗莱德·圣塔尔皮亚、尼克·罗克韦尔、伊内丝·布拉沃、科琳娜·马扬斯、斯蒂芬·欧尔班、斯考特·阿迪斯、米歇尔·泰珀、丹·瑞安、阿尔潘·波杜图里、汤姆·格里菲思、马文·兰格、内森·柯伊、托尼·柯林斯、克里斯·凯利、马克·张伯伦、艾米丽·卡尔普、布伦丹·马什、杰兹·亨布尔、梅丽莎·佩里、阿莱西亚·汉内曼、马修·海托、克里斯汀·泰蒂、利兹·汉堡、凯文·希利、戴维·法恩、达格尼·普列托、亨德里克·克莱因斯米德和凯伦·帕斯科。

最后,我们要感谢我们的家人。我们一直向他们保证,上一本书是我们写的最后一本书,虽然我们没有遵守约定,但他们仍旧在我们写书的日日夜夜中给予我们支持。卡丽、格蕾丝和索菲,再次感谢你们,没有你们的耐心和支持,这本书就无法完成。维基、娜奥米和阿曼达,你们是最棒的。

注 释

前 言

1. James Estrin, "Kodak's First Digital Moment," *New York Times*, August 12, 2015, http://lens.blogs.nytimes.com/2015/08/12/kodaks-firstdigital-moment/; Michael Zang, "This Is What the History of Camera Sales Looks Like with Smartphones Included," PetaPixel, April 9, 2015, http://petapixel.com/2015/04/09/this-is-what-the-history-of-camerasales-looks-like-with-smartphones-included/; Dawn McCarty and Beth Jinks, "Kodak Files for Bankruptcy as Digital Era Spells End to Film," Bloomberg Technology , January 19, 2012, http://www.bloomberg.com/news/articles/2012-01-19/ kodak-photography-pioneer-files-for-bankruptcy-protection-1-.
2. Maltzberger, "Kindle Is the Fire That Burns Brightest for Amazon," SeekingAlpha.com, March 8, 2013, http://seekingalpha.com/article/1259661-kindle-is-the-fire-that-burns-brightest-for-Amazon-com.

3. Kasra Ferdows, Michael A. Lewis, and Jose A.D. Machuca, "Zara's Secret to Fast Fashion," Harvard Business School Working Knowledge, February 21, 2005, http://hbswk.hbs.edu/archive/4652.html.
4. Michael Schrage, "R&D, Meet E&S (Experiment and Scale)," MIT Sloan Management Review blog, May 11, 2016, http://sloanreview.mit.edu/article/ rdmeet-es-experiment-scale/?utm_source=twitter&utm_medium=social&utm_campaign=sm-direct.

## 第一章

1. "The Trust Engineers," Radiolab, February 9, 2015, www.radiolab.or/story/trust-engineers.
2. Jon Jenkins, "Velocity Culture," 2011, https://www.youtube.com/watch?v=dxk8b9rSKOo.
3. Chris Doig, "Enterprise Software Project Success Remains Elusive," CIO.com, October 23, 2015, http://www.cio.com/article/2996716/enterprise-software/why-is-success-with-enterprise-software-projects-so-elusive.html.
4. Jared M. Spool, "The $300 Million Button," User Interface Engineering, January 14, 2009, https://articles.uie.com/three_hund_million_button/.
5. Scout Addis, Obama for America campaign worker, personal interview, 2015.
6. Shea Bennett, "The History of Hashtags in Social Media Marketing," AdWeek blog, September 2, 2014, http://www.adweek.com/socialtimes/history-hashtag-social-marketing/501237.
7. David J. Snowden and Mary E. Boone, "A Leader's Framework for

Decision Making," *Harvard Business Review*, November 2007, https://hbr.org/2007/11/a-leaders-framework-for-decision-making.

8. Etsy.com, "Etsy, Inc. Reports Fourth Quarter and Full Year 2015 Financial Results," press release, February 23, 2016, http://investors.etsy.com/phoenix.zhtml?c=253952&p=irol-newsArticle&ID=2142373.

9. Consumer Reports, twitter post, March 19, 2015, 9:27 am, https://twitter.com/CRcars/status/578593771337682944.

## 第二章

1. Eric Ries, *The Lean Startup: How Today's Entrepreneurs Use Continuous Innovation to Create Radically Successful Businesses* (New York: Crown Business, 2001).

2. "In-App Purchase for Developers," Apple, Inc., accessed August 26, 2016, https://developer.Apple.com/in-app-purchase/.

3. 一个例子可参见 Austin Carr, "The Real Story Behind Jeff Bezos's Fire Phone Debacle and What It Means for Amazon's Future," *Fast Company*, January 6, 2015, https://www.fastcompany.com/3039887/under-fire。

4. Ibid.

5. Brian Jackson, "Canadian Tire Money Enters Era of Mobile Payments," ITBusiness.ca, October 29, 2014, http://www.itbusiness.ca/news/canadian-tire-money-enters-era-of-mobile-payments/51907.

6. Ed Catmull with Amy Wallace, *Creativity, Inc.: Overcoming the Unseen Forces That Stand in the Way of True Inspiration* (New York: Random House, 2014), Kindle edition, loc. 143.

7. Fiona Graham, "Searching the Internet's Long Tail and Finding Parrot Cages," BBC News, October 7, 2010, http://www.bbc.com/news/business-11495839.
8. Ibid.

## 第三章

1. Driving Digital Transformation: New Skills for Leaders, New Role for the CIO, Harvard Business Review Analytic Services Report, 2015, https://enterprisersproject.com/sites/default/files/Driving%20Digital%20Transformation:%20New%20Skills%20for%20Leaders,%20New%20Role%20for%20the%20CIO.pdf.
2. Associated Press, "A Win for Uber: Car-Service Apps Can Update without City Approval," June 22, 2015, http://www.crainsnewyork.com/article/20150622/TRANSPORTATION/150629988.
3. Andrea Rothman, "Airbus Builds Innovation Labs for Faster Tech Advances," Bloomberg, March 9, 2015, http://skift.com/2015/03/09/airbus-builds-innovation-labs-for-faster-tech-advances/.
4. GOV.UK, "About the Government Digital Service," Government Digital Service blog, accessed September 1, 2016, https://gds.blog.gov.uk/about/.
5. Noah Kunin, twitter post, December 12, 2014, 6:22 p.m., https://twitter.com/noahkunin/status/543591687084589056 ; ibid., 6:24 p.m., https://twitter.com/noahkunin/status/543592161951121409 ; and ibid., 6:25 p.m., https://twitter.com/noahkunin/status/543592503778484224 .
6. GOV.UK, "How the Alpha Phase Works," accessed September 1, 2016,

https://www.gov.uk/service-manual/phases/alpha.html.

7. Amy Wilson et al., "Two Agencies Participating in the Digital Acquisition Accelerator Pilot," 18F, June 15, 2016, https://18f.gsa.gov/2016/06/15/two-agencies-participating-in-the-digital-acquisition-accelerator-pilot/.

8. 参见2015年的私人谈话。

## 第四章

1. Greg Jarboe, "L'Oreal Launches New Makeup Line Designed by YouTube Beauty Guru Michelle Phan," Search Engine Watch, August 19, 2013, https://searchenginewatch.com/sew/study/2289834/loreal-launches-new-makeup-line-designed-by-youtube-beauty-guru-michelle-phan.

2. "Luxury and Cosmetics Financial Factbook 2013," EY.com, accessed September 1, 2016, http://www.ey.com/GL/en/Industries/Consumer-Products/Luxury-and-cosmetics-financial-factbook-2013.

3. Tom Peters, twitter post, January 2, 2015, 4:23 a.m., https://twitter.com/tom_peters/status/550990859756634113; ibid., 8:33 a.m., https://twitter.com/tom_peters/status/551053682151026688; and ibid., 9:49 a.m., https://twitter.com/tom_peters/status/551072739537461248.

4. Roger Dooley, "Three Customer Loyalty Lessons from Coffee Companies— Only One is Good," *Forbes*, January 7, 2015, http://www.forbes.com/sites/rogerdooley/2015/01/07/coffee-loyalty/.

5. Ben Geier, "Car Dealerships Turn to Ipads, Not Sign Twirlers, to Win Business," *Fortune*, September 2, 2014, http://fortune.com/2014/09/02/car-dealerships-turn-to-ipads-not-sign-twirlers-to-win-business/.

6. 参见 2015 年对 Select Sires 公司的信息服务主管马克·张伯伦的采访。
7. Nellie Bowles, "Michelle Phan: From youtube Star to $84 Million Startup Founder," Recode.com, October 27, 2014, http://www.recode.net/2014/10/27/11632302/ michelle-phan-youtube-star-to-startup-founder.
8. The New York Times, The Full New York Times Innovation Report, https://www.scribd.com/doc/224608514/ The-Full-New-York-Times-Innovation-Report.
9. Ibid., p. 4.
10. Ibid., p. 15.
11. Ibid., p. 32.
12. Reuters, "New York Times Co. Profit Jumps 48% on Digital Growth," February 4, 2016, http://fortune.com/2016/02/04/new-york-times-earnings/?iid=leftrail.
13. 参见艾米丽·卡尔普在明可弗公司接受的采访。Phil Wahba, "Nordstrom Taps Ebay's Tech to Build Fitting Room of the Future," *Fortune*, November 25, 2014, http://fortune.com/2014/11/25/nordstrom-ebay-fitting-rooms/; Elizabeth Holmes, "Designer Rebecca Minkoff's New Stores Have Touch Screens for an Online Shopping Experience," *Wall Street Journal* , November 11, 2014,http://m.wsj.com/articles/designer-rebecca-minkoffs-new-stores-have-touchscreens-for-an-online-shopping-experience-1415748733?mobile=y; and Billy Steele, "Neiman Marcus' Digital Mirror Compares Clothes Side by Side," Engadget.com, January 13, 2015, http://www.engadget.com/2015/01/13/neiman-marcus-memory-mirror/.
14. Frank Konkel, "The Details about the CIA's Deal with Amazon," *The*

*Atlantic*, July 17, 2014, http://www.theatlantic.com/technology/archive/2014/07/the-details-about-the-cias-deal-with-Amazon/374632/.

15. Emily Steel, "Nielsen Plays Catch-Up as Streaming Era Wreaks Havoc on TV Raters," *New York Times*, February 2, 2016, http://www.nytimes.com/2016/02/03/business/media/nielsen-playing-catch-up-as-tv-viewing-habits-change-and-digital-rivals-spring-up.html?_r=0.

16. Rick Porter, "Netflix Says Ratings Estimates 'Remarkably Inaccurate,' Won't Change Its No-Numbers Stance," Zap2it.com, January 17, 2016, http://tvbythenumbers.zap2it.com/2016/01/17/netflix-says-ratings-estimates remarkably-inaccurate-wont-change-its-no-numbers-stance/.

17. Mary Meeker, "2015 Internet Trends Report," May 27, 2015, http://www.slideshare.net/kleinerperkins/internet-trends-v1.

18. Dan Farber, "Why Romney's Orca Killer App Beached on Election Day," CNet.com, November 9, 2012, http://www.cnet.com/news/why-romney sorca-killer-app-beached-on-election-day/.

19. Michael Kranish, "ORCA, Mitt Romney's High-Tech Get-Out-the Vote Program, Crashed on Election Day," Boston.com, http://archive.boston.com/news/politics/2012/president/candidates/romney/2012/11/10/orca-mitt-romney-high-tech-get-out-the-vote-program-crashed-election-day/gflS8VkzDcJcXCrHoV0nsI/story.html.

20. Farber, "Why Romney's Orca Killer App Beached on Election Day."

## 第五章

1. Stephen Bungay, *The Art of Action: How Leaders Close the Gaps between*

*Plans, Actions, and Results* ( London: Nicholas Brealey Publishing, 2010), Kindle edition.

2. Dan North, "Why Agile Doesn't Scale, and What You Can Do About It," presentation at GOTO conference, September 30, 2013, http://gotocon.com/aarhus-2013/presentation/Why+Agile+doesn't+scale,+and+what+you+can+do+about+it . 当我们与诺斯谈话时，他继续说道："如果你想用敏捷方法完成大规模的项目，那么解决方案可能并不是简单地启用更多的 Scrum 团队。"( Scrum 是一种最常见的敏捷方法。当人们想到敏捷方法时，他们通常都会想到 Scrum。) 诺斯告诉我们："如果你有大量工作要做，那么你需要问自己一些问题。这些工作的性质是什么？什么类型的人最适合做这些工作？"诺斯建议管理者每个季度都要反思一遍这些问题，然后根据工作的性质不断调整人员的组织与分配。

3. TechBeacon, "State of Performance Engineering, 2015–2016 Edition," http://techbeacon.com/sites/default/files/State-of-Performance-Engineering-2015-16_FINAL2.pdf.

4. Bungay, *Art of Action,* loc. 2856.

5. 参见 2016 年作者对尼尔·威廉姆斯的访谈。

6. 威廉姆斯告诉我们，这里提到的系统已经在运行过程中进行了升级。"我们在学习的过程中不断改进我们的系统。"他告诉我们。由于 GOV.UK 是多个政府部门共同使用的平台，所以协调各部门之间的工作就显得更为必要了。因此，该团队发现，关于日期的硬性规定也显得更加必要了。威廉姆斯告诉我们，尽管如此，计划仍然有可能改变。"但不会改变的是不确定性，"他说，"我们对不确定性的看法也不会变。我们总是告诉人们，这就是计划，是我们目前能想到的最好的计划，未来它仍然有可能发生变化。"

7. 这与谷歌应用服务团队在 2006 年和 2007 年使用的方法类似。该团队成员曾使用了这种计划方法和另外一种方法，也就是所谓的"不作为"方法。第二种方法能够帮助股东们了解哪些产品特点明显超出了计划范围。详情参见 https://library.gv.com/climbing-mount-enterprise-99a4d014f942#.iasj0ux35。

8. Donald Reinertsen, *The Principles of Product Development Flow* (Redondo Beach, CA: Celeritas, 2012), 250.

9. "GOV.UK High-Level Road Map," Trello, https://trello.com/b/GyqsETvS/gov-uk-high-level-roadmap.

10. Bungay, *Art of Action*, loc. 923.

11. Mehrdad Baghai, Stephen Coley, and David White, *The Alchemy of Growth* (New York: Basic Books, 2000).

12. 参见 2011 年埃里克·莱斯在创业经验教学演讲会上对 Intuit 公司的 CEO 布拉德·史密斯的访谈。详见 http://criticalthinking.tumblr.com/post/6713640477/brad-smith-ceo-intuit-at-startup-lessons。

13. Hugh Molotsi, "Horizon Planning at Intuit," February 14, 2014, http://blog.hughmolotsi.com/2014_02_01_archive.html.

14. Geoffrey Moore, "To Succeed in the Long Term, Focus on the Middle Term," *Harvard Business Review*, July–August 2007, https://hbr.org/2007/07/to-succeed-in-the-long-term-focus-on-the-middle-term.

# 第六章

1. 人们通常认为这个说法源自作家、战略家拉里·基利。但是，设计师阿兰·库珀曾在他的《交互设计之路》（Boston: Pearson, 1999）中引用过基利的话，并称该说法源自维特鲁威的观点（维特鲁威是一位古罗马的建筑师和作家，他最有名的论点是建筑必须坚固、实用而且美观）；在与阿兰·库珀的私人交谈中，他也提到了这一点。

2. Cian Ó Maidín, "Release the Kraken: How PayPal Is Being Revolutionized by Node.js and Lean-UX," NearForm.com, November 5, 2013, http://www.nearform.com/nodecrunch/release-the-kracken-how-paypal-is-being-revolutionized-by-node-js-and-lean-ux/.

3. Brad Power, "How GE Applies Lean Startup Practices," *Harvard Business Review*, April 23, 2014, https://hbr.org/2014/04/how-ge-applies-lean-startup-practices/.

4. The New York Times, The Full New York Times Innovation Report, https://www.scribd.com/doc/224608514/The-Full-New-York-Times-Innovation-Report.

5. Clement Huyghebaert, "What Is It Like to Be an Engineer at BuzzFeed," Quora.com, accessed September 1, 2016, https://www.quora.com/What-is-it-like-to-be-an-engineer-at-BuzzFeed.

6. Vox, "Code of Conduct," accessed September 1, 2016, http://code-of-conduct.voxmedia.com/.

7. 参见 2015 年对比尔·斯科特的私人访谈。

8. Eric Savitz, "The Death of Outsourcing, and Other IT Management Trends," Forbes.com, December 28, 2012, http://www.forbes.com/sites/ciocentral/2012/12/28/the-death-of-outsourcing-and-other-it-management-trends/#12657a6775c7; and Stephanie Overby, "Goodbye Outsourcing, Hello Insourcing: A Trend Rises," CIO.com, February 17, 2011,

http://www.cio.com/article/2411036/outsourcing/goodbye-outsourcing-hello-insourcing-a-trend-rises.html.

## 第七章

1. 参见 2015 年对内森·科伊的访谈。
2. 参见 2015 年对克里斯·凯利的访谈。
3. Beyond Budgeting Institute, accessed September 1, 2016, http://www.beyondbudgeting.org/beyond-budgeting/bb-problem.html.
4. 参见 2016 年对索尼娅·科勒索杰维奇的访谈。

## 第八章

1. Todd Wallack, "Call It Big Data's Big Dig — $75m, 19 Years, Still Not Done," *Boston Globe*, April 12, 2015, http://www.bostonglobe.com/metro/2015/04/11/massachusetts-courts-long-delayed-computer-system-may-leave-public-out/S7tZcbvBDFd3nho7XvEZPO/story.html.
2. Michael Krigsman, "An IT Failure Unicorn: Endless 19-Year Project in Massachusetts," ZDNet, April 13, 2015, http://www.zdnet.com/article/an-it-failure-unicorn-endless-19-year-project-in-massachusetts/.
3. Ibid.
4. Kellan Elliott-McCrea, "Five Years, Building a Culture, and Handing It Off," Medium, August 31, 2015, https://medium.com/@kellan/five-years-building-a-culture-and-handing-it-off-54a38c3ab8de#.cre5m6xat.
5. Ken Norton, "Climbing Mount Enterprise," GV Library, August 5, 2013,

https://library.gv.com/climbing-mount-enterprise-99a4d014f942.

6. Reed Hastings, "Process Brings Seductively Strong Near-Term Outcome," SlideShare, August 1, 2009, http://www.slideshare.net/reed2001/culture-1798664/51-Process_Brings_Seductively_Strong_NearTerm.

7. Douglas McGregor, *The Human Side of Enterprise* (New York: McGraw-Hill, 1960).

8. "Manifesto for Agile Software Development," accessed September 1, 2016, www.agilemanifesto.org.

9. Tom Warren, "Windows Phone Is Dead," Verge.com, January 28, 2016, http://www.theverge.com/2016/1/28/10864034/windows-phone-is-dead.

10. Quy Huy and Timo Vuori, "Who Killed Nokia? Nokia Did," *Salamander magazine*, January 28, 2016, http://alumnimagazine.insead.edu/who-killed-nokia-nokia-did/.

11. Mike Bland, "Turning Learning Up to 11: Transparent Internal Operations," 18F, January 4, 2016, https://18f.gsa.gov/2016/01/04/turning-learning-up-to-11-transparency/.

12. Jared M. Spool, "Fast Path to a Great UX— Increased Exposure Hours," User Interface Engineering, March 30, 2011, https://www.uie.com/articles/user_exposure_hours/.

13. 参见 2015 年对马文·朗格的访谈。

14. Stephen Thomas Erlewine, AllMusic, http://www.allmusic.com/album/kind-of-blue-mw0000191710.

15. Stefon Harris, "There Are No Mistakes on the Bandstand," TED talk, November 2011, https://www.ted.com/talks/stefon_harris_there_are_no_mistakes_on_the_bandstand?language=en.

16. Julie Anixter and Sarah Miller Caldicott, "Midnight Lunch: How Thomas Edison Collaborated," Innovation Excellence, February 3, 2013, http://www.innovationexcellence.com/blog/2013/02/03/midnight-lunch-how-thomas-edison-collaborated/.

17. Rhys Newman and Luke Johnson, "No Dickheads! A Guide to Building Happy, Healthy, and Creative Teams," Medium, March 26, 2015, https://medium.com/@rhysys/no-dickheads-a-guide-to-building-happy-healthy-and-creative-teams-7e9b049fc57d#.dir4udkg9.

18. Eric Johnson, "Meet Shani Hilton, BuzzFeed's Newsmaker in Chief," Recode, January 21, 2016, http://recode.net/2016/01/21/meet-shani-hilton-buzzfeeds-newsmaker-in-chief/.

19. John Borthwick, "Tech Is Eating Media. Now What?" Medium, November 9, 2015, https://medium.com/@Borthwick/time-for-a-change-2be08d01d40.

20. Michael Calderone, "New York Times Eyes Ambitious Overhaul in Quest for 'Journalistic Dominance,'" *Huffington Post*, February 4, 2016, http://www.huffingtonpost.com/entry/new-york-times-overhaul_us_56ae5e36e4b00b033aaf88d5.

21. David Gelles, "The Zappos Exodus Continues After a Radical Management Experiment," New York Times Bits blog, January 13, 2016, http://bits.blogs.nytimes.com/2016/01/13/after-a-radical-management-experiment-the-zappos-exodus-continues/.